Antonio Mira de Amescua

El amparo
de los hombres

Edición de Vern Williamson

Barcelona **2024**
Linkgua-ediciones.com

Créditos

Título original: El amparo de los hombres.

© 2024, Red ediciones S.L.

e-mail: info@linkgua.com

Diseño de cubierta: Michel Mallard.

ISBN rústica: 978-84-9816-076-5.
ISBN ebook: 978-84-9897-552-9.

Sumario

Brevísima presentación

La vida

Antonio Mira de Amescua (Guadix, Granada, c. 1574-1644). España.
De familia noble, estudió teología en Guadix y Granada, mezclando su sacerdocio con su dedicación a la literatura. Estuvo en Nápoles al servicio del conde de Lemos y luego vivió en Madrid, donde participó en justas poéticas y fiestas cortesanas.

Personajes

Carlos, caballero
Federico, soldado
Marín, gracioso, su criado
Horacio, caballero viejo
Fabricio
Jorge
Octavio
Garavís, paje
El Demonio
Julia, hija de Horacio
Laura, su criada
Un Criado
Un Paje

Jornada primera

(Salen Federico y Marín, de soldados muy pobres.)

Federico   ¡Ésta es Génova!

Marín   ¡Por Dios,
conforme nuestra pobreza,
que ha menester su riqueza,
si nos remedia a los dos!

Federico   ¡Bellos edificios!

Marín   ¡Bellos!
Los lienzos de Flandes son
cifra, sombra e ilusión
si se comparan con ellos.
     ¿Pero tenemos de andar
viendo casas todo el día,
sin buscar una hostería
donde podamos manjar?
     Volvámonos, si te agradas,
a ver si en los bodegones
a trueco de macarrones
reciben estas espadas,
     pues no nos sirven de más
que de traerlas liadas,
que aquí se riñe a puñadas.

Federico   Hambriento y prolijo estás.
     ¿No causa extraña alegría
después de varias tristezas,
las infinitas grandezas
de esta noble señoría,

ver tan hermosas pinturas
en las casas, el Senado,
que a Roma atrás ha dejado,
heredando sus venturas?
    ¿Ver...?

Marín   El verte con dineros,
Federico, es mi deseo;
que ya de hambre no veo,
y mi cuenta es todos ceros.
    Cuando contigo salí
de la Pulla a ser soldado,
no pensé verme quebrado
como me veo por ti.
    Servimos al de Pescara
sobre el Parque de Pavía;
y con papeles te envía
y sin blanca...

Federico   Cosa es clara,
    ésa es la paga mejor
con que voy a pretender,
que el César me puede hacer
capitán.

Marín   ¡Gracioso humor!
    ¿Con qué carga de moneda
vas a pretender a España?
Que con nación tan extraña,
no hay Scipión que más pueda.
    ¿Qué presente le has de dar
al secretario? ¿Qué joya
al que tus hechos apoya
para poder negociar?

Federico	Filósofo estás, Marín.
Marín	Como en ayunas estoy, estoy agudo.
Federico	Ya voy viendo de mi intento el fin. Necio he sido en procurar papeles.
Marín	La duda es llana. ¡Qué esperanza tan liviana! ¿Qué provecho puede dar?
Federico	A la Pulla me volviera, dejando mi pretensión, si la pasada cuestión, Marín, no me lo impidiera. No sé qué tengo de hacer.
Marín	Pide limosna.
Federico	Eso no. A dar estoy hecho yo; y pedir es padecer.
Marín	Mas no comiendo, padeces este trabajo y crisol; y pidiendo a lo español, pienso que no desmereces.
Federico	El español, ¿cómo pide?

Marín	Llega arrogante y severo,
	y, de la espada al sombrero,
	primero los tiempos mide;
	   y dice: «Déle vuesé
	su caridad a un soldado
	pobre, desnudo y honrado».
	Y el bergamaza que ve
	   el aspecto con que avisa
	del daño que le previene,
	si parpallonas no tiene,
	se quitará la camisa.

Federico	Yo soy, Marín, caballero, y no tengo de pedir.
Marín	Pues, dejémonos morir. ¡Qué pobre tan majadero! Yo pediré.
Federico	¡Enhorabuena! Pide tú para los dos.
Marín	De esta suerte dará Dios para la comida y cena. Aquesta casa parece de algún rico ciudadano.
Federico	Pide con estilo llano, pues la vergüenza enmudece. La portada y patio son del dueño bastante abono.
Marín	Ahora bien, la voz entono para causar compasión.

Federico	Caballeros salen.
Marín	¿Quieres huir?
Federico	Apartarme quiero.
Marín	Muy corta limosna espero de poltrones mercaderes.

(Salen Carlos, Fabricio, Octavio, Jorge y criados, y Carlos sale dando barato.)

Jorge	¿Cuánto perdéis?
Carlos	No lo sé. Esto se queda, tomad de barato.
Octavio	Es necedad que deis barato.
Carlos	¿Por qué?
Octavio	Porque cien doblas perdéis.
Carlos	Si ganara y no perdiera, poco en dar barato hiciera.
Criado	Largos años os gocéis.
Marín (Aparte.)	(¡Oh, beatísimos escudos! Sin ver a quien los reparte yo quiero entrar en la parte.

¡Oh, si hubiera pajes mudos!
¡Ciégale tú, Santantón!
Dios ponga tiento en tu mano.)

Carlos   Tomad.

Criado   Apartaos, hermano.

Marín (Aparte.)   (Ganóme la bendición.)

Carlos   Quiero ver si quedan más.
Tomad.

Marín (Aparte.)   (¡Oh, caso importuno!
Aun no me ha cabido uno
de los que da[n] por detrás.)

Criado   ¿Queréis quitaros, hermano?
¡Quitaos!

Octavio   ¿Qué picarón
es ése?

Marín   ¡Paso, pajón!
Que aunque roto, soy cristiano.
No soy moro ni judío.
Barato quiero alcanzar.

Criado   Dadle, Fabio.

Marín   ¿Cómo dar?
¡Juri a Cristi, si deslío...!

Federico (Aparte.)   (Sin duda ha hecho Marín

	de las suyas. Llegar quiero.)
Carlos	Para la gloria que espero, aguardo felice fin.
Federico	¿Qué es eso?
Marín	¡Estos pajarotes, que maltratan los honrados!
Federico	¡Paso, señores soldados!
Marín	Espera; no te alborotes, señor, hasta que deslíe.
Federico	Sosiégate, majadero. Por ser pobre y forastero, nadie a ofenderle porfíe; que habrá quien vuelva por él.
Octavio	¿Y defenderéisle vos?
Jorge	¡Buena arrogancia, por Dios!
Marín	El lance ha sido cruel.
Fabricio	Muy maltratado venís para ser tan atrevido.
Federico	Jamás miréis al vestido si de sabio presumís; que quizá este traje encubre más valor de que pensáis.

Marín	Deslío...

Carlos

      Bien lo mostráis,
que el proceder los descubre.
     ¿Quién sois?

Federico

          Un soldado soy,
por mala paga perdido.

Carlos   Antigua querella ha sido.

Federico   A España a pretender voy.

Carlos   Reportaos.

Federico

        De vos me fío,
si el traje al ser corresponde.

Carlos   Decid quién sois y de dónde.

Marín   Pues hay amistad, deslío.

Federico

      En la Pulla, que es provincia
del noble reino de Nápoles,
nací, para tantas penas,
de nobles y ricos padres.
Con regalo me crié,
aunque no sin mil desastres,
que el que ha de ser desdichado
muere en el día que nace.
Fue mi infancia prodigiosa,
hasta que en edad bastante,
al peso del sentimiento,
fueron creciendo mis males.

Faltaron mis padres luego,
para que mozo heredase;
que riqueza y pocos años
no hay leyes que no traspasen.
Amor, que mejor sujeta
los pechos más arrogantes,
se mostró, siendo tan niño,
para mi ofensa gigante.
De una doncella hermosa,
de tan excelentes partes
que a verla primero Apolo
no siguiera tanto a Dafne,
me cautivaron los ojos;
que no hay alma que no abrasen
tan divinos soles negros,
que miren libres y graves.
Solicité muchos días
su favor sin que alcanzase,
si no esperanzas inciertas,
preeminencias de casarme.
Tuve por competidor
un mancebo cuya sangre,
hirviendo de puro noble,
fue lumbre en que se quemase.
Entrando en el Domo a misa,
para mi desdicha un martes,
nuestra dama, la seguimos
los solícitos amantes.
Al tomar agua bendita
se cayó al descuido un guante;
y a un mismo tiempo llegamos
entrambos a levantarle.
Fue la porfía de suerte,
que, dividido en dos partes,

quedó partido el favor,
y los celos más pujantes.
Desafióme atrevido,
y sin que a ver aguardase
la misa, el mancebo loco
al campo se fue a esperarme.
Salí yo, y a un mismo tiempo
vio los aceros el aire
de nuestras espadas nobles,
donde el Sol pudo mirarse.
Apenas del primer tercio
pude los filos tentarle,
cuando por ellos camino,
sin que pudiese librarme.
Rompe el animoso pecho,
por donde, envuelta en granates,
salió el alma y dejó el cuerpo
para difunto cadáver.
Viendo el desastrado caso,
por entre secretos valles
huyo con este criado,
que fue mi querido Acates.
Vine al fin a Lombardía
adonde los generales
del ilustre Carlos Quinto
sus ejércitos reparten:
Próspero, Borbón y Leiva
y el de Pescara, pilares
adonde estriba el imperio
y a quien Roma estatuas hace.
El invencible Francisco
de Angulema, a quien levante
la fama, de cuyos lirios
temblaron tantos alarbes,

para ocupar a Pavía,
que es una fuerza importante,
entra con furia francesa
a mirar del Po la margen.
El ejército imperial
le espera en medio del parque,
adonde Francisco llega
a levantar su estandarte.
La batalla le presenta,
pensando a muy pocos lances
ver de Milán el castillo,
besar sus plantas reales.
Llegado el amargo día
el estrépito de Marte
suena en los vecinos bosques,
temerosos de escucharle.
Trabóse al fin la batalla;
aquí mueren, y allí salen
contra bridones franceses
los españoles infantes.
Al fin, los franceses rotos,
el de Pescara al alcance
sigue; y el francés furioso
no quería retirarse.
El valeroso francés,
sin que el peligro le espante,
desea morir valiente,
para no vivir cobarde.
Yo, después de haber ganado
una bandera, bastante
indicio de valor, vi
al rey, que teñido en sangre,
en un caballo español
de los que al Betis le pacen

la verde juncia y le beben
los fugitivos cristales,
con el estoque sangriento
furioso procura entrarse
en el paso de una puente,
donde los suyos le amparen.
Llego entonces, y al bridón
que espuma mascando esparce,
de un revés corto las corbas,
para que Francisco salte
desde la silla a la arena,
adonde no quiso darse,
sin que cortés y amoroso
el de Pescara llegase.
Viendo el marqués lo que hice,
no supo con qué pagarme
sino con darme papeles,
esperanza leve y frágil.
Con ellos a España voy,
aunque es bien que me acobarde,
pues sin dinero y favor
no habrá quien merced alcance;
que aunque es Carlos dadivoso
y otro segundo Alejandre,
suelen regir y mandar
mil codiciosos magnates.
Cansado, en efecto, y pobre
llegué a Génova esta tarde
donde, viendo sus grandezas,
se aliviaron mis pesares.
Llegué a ver este palacio;
y os vido aqueste ignorante
dar barato. Llegó y tuvo
esta cuestión con los pajes.

Si sois noble caballero,
como le declare el traje,
remediadnos; que hacer bien
es acto de pechos grandes.

Carlos   Huélgome que hayáis contado
vuestras desgracias; que espero,
como noble caballero,
quitaros de ese cuidado.
   Ningún bien os puede hacer
España, aunque el bien le sobre;
que es necio el que va tan pobre
a la corte a pretender.
   Vuestro término me agrada.
Vivid, si queréis, conmigo;
que no seré mal amigo.

Fabricio   ¡Franqueza bien excusada!

Federico   Tus pies beso.

Marín   Y yo las losas
adonde tocan tus plantas;
que tras de tormentas tantas
son las bonanzas gustosas.

Octavio   Como le costó tan poco
granjear tanto dinero,
gasta como caballero.

Jorge   Es amante, mozo y loco.

Fabricio   Ya es tarde, Carlos. Adiós.

Carlos	Él mismo, Fabricio, os guíe.
Octavio	Yo os aseguro que fíe sus secretos de los dos.
Jorge	Será en eso impertinente.
Octavio	De su mal seréis testigos; que no se hallan amigos verdaderos fácilmente.

(Vanse los tres.)

Federico	Ya ningún daño recelo si tan buen norte nos guía.
Marín	¿Diráme, vueseñoría, por dónde se va al tinelo?
Criado	Luego iremos.
Carlos	De manera me agrada vuestro valor, que de mi bien y mi amor daros relación quisiera.
Federico	Bien os podéis confiar de quien desea serviros.
Carlos	Venid, que habéis de vestiros.
Marín	¿No fuera mejor cenar?
Federico	Calla, necio.

Carlos   Iréis conmigo
esta noche; que a mi lado
quiero llevar un soldado
para defensa y testigo.

Federico   Bésoos los pies.

Marín   Tripas mías,
ir a rellenaros quiero.
No os embargue algún barbero,
viendo que estáis tan vacía[s].
     Ya no tenéis qué sentir.

Federico   Todo el fin es perecer.

Marín   Bueno es servir por comer.

Federico   Mal es comer por servir.

(Vanse y salen Horacio, Julia y Laura.)

Horacio   Suelta, loca.

Julia   ¿Qué le quieres?

Horacio   Saber mi celoso efeto.
¿Cómo procuras secreto,
no cabiendo en las mujeres?

Julia   Siempre en la que es noble vive.

Horacio   Suelta el papel.

Julia	Vesle aquí.
	Necia en esconderle fui.
Horacio	Carlos sin duda te escribe.
Julia	Es verdad.
Horacio	Así lo creo.
	No es poco decir verdad.
Julia	¿Es acaso liviandad
	un casto y noble deseo?
Horacio	¿Qué pecho el ser padre vale
	con pecho tan importuno?
Julia	¿Pues, hay en Génova alguno
	que en noble y rico le iguale?
	¿Es error poner los ojos
	en un rico y bien nacido,
	con intento de marido?
	¿Para qué te cause enojos?
	Si tú procuras casarme,
	¿no es bien que a mi gusto sea?
Horacio	Siempre tu gusto desea
	destruirme y deshonrarme.
Julia	¿No ves con cuánta afición
	en diversas ocasiones,
	en juegos y en invenciones,
	me declara su intención?
	¿No ves que gasta y consume
	su hacienda por agradarme?

¿No ha de poder obligarme
pues su valor se presume?
  ¿No adviertes con cuánto exceso
es en mi amor liberal?
¿Por qué te parece mal
que le quiera bien?

Horacio   Por eso.
  ¡Oh, Julia, qué poco sabe
la mujer que sabe más!
¡Qué de atributos le das
de liberal y de grave!
  Lo que en él más te contenta
es lo que me desagrada.
La hacienda no importa nada
si el dueño no la acrecienta.
  Alabas que dé libreas
del color de tu vestido,
que gaste, por ti perdido,
en los juegos que deseas.
  Y eso en mis entrañas cría
la cólera, que me basta
que quien su hacienda gasta,
también gastará la mía.

(Vase Horacio.)

Laura   De cólera va perdido.
¡Qué a un viejo vivas sujeta!

Julia   Lo que al famoso poeta
Virgilio me ha sucedido.

Laura   ¿De qué suerte?

Julia	Componía
	un paso en cierta ocasión
	donde la reprehensión
	de un padre al hijo escribía.
	  Estaba confuso; entró
	su padre, que se ofendía
	de su heroica poesía,
	y allí le reprehendió.
	  De modo que él, advirtiendo
	sus razones arrogantes,
	halló conceptos bastantes
	en lo que estaba escribiendo.
	  Así, agora, Laura mía,
	sus razones escuchaba
	[y conceptos encontraba]
	mientras me reprehendía.

Laura	Bien tus favores merece Carlos, pues es principal; que antes por ser liberal más se ilustra y ennoblece.
Julia	En el papel escribía que el retrato le enviase y a la ventana aguardase esta noche, que quería verme.
Laura	¿Piensas aguardar?
Julia	Sola en mi lugar te dejo, Laura, por no dar al viejo agora que sospechar.

Arrójale este papel;
que en él digo que a la esquina
aguarde.

Laura
¿Qué determina
tu amor agora con él?

Julia
A Porcia he de visitar
esta noche, y así trato
darle a Carlos el retrato
que me ha pedido al pasar.

Laura
Ya es tarde.

Julia
A la reja acude;
que a mi padre voy a ver.

Laura
A una resuelta mujer
no habrá fuerza que la mude.

(Vanse las dos y salen Carlos, Federico y Marín, de noche.)

Carlos
Ésta es la calle en que mi Julia vive.

Marín
Sin duda alguna que es mujer caliente.

Carlos
De sus ojos el Sol la luz recibe.
Estas ventanas son su bello oriente.

Federico
De propia voluntad es bien me prive,
porque a servirte con amor asiente.

Marín
¡Buen vestido te pillas!

Federico	¡Calla, necio!
Carlos	El celo estimo, si las obras precio. Adoro esta mujer de tal manera que el juicio pierdo y de mi ser me olvido.
Marín	¿Es acaso bonita la platera? La que friega, te digo, ¿está advertido?
Federico	Pues, ¿qué te importa a ti cuando lo fuera?
Marín	Suelen tomar los puntos a un vestido; y es mía de derecho, y aun de tuerto; que traigo el coramvobis descubierto.
Carlos	En la reja estará, sin duda alguna.

(Sale Laura a la ventana.)

Laura	¿Es Carlos?
Carlos	Sí, mi bien.
Laura	Menos terneza, que no soy mi señora.
Carlos	¿La Fortuna me priva de su hielo y su belleza?
Laura	El padre la persigue y la importuna; mas no veréis mudanza en su firmeza. Tomad ese papel, y en esa esquina a que salga, aguardad.

Carlos	¿Qué determina?
Laura	A una visita va, y de espacio quiere daros aquel retrato.
Carlos	¡Oh, gloria mía!
Laura	Tened cuidado, adiós.
Carlos	Haré que espere la clara luz del venidero día.
Federico	Dichoso, pues a todos te prefiere. Pierde el temor, señor, y al puesto guía.
Marín	¡Por Dios, que habla bien la fregoncilla! Bestia de albarda quiero y no de silla.

(Está en la pared una imagen de Nuestra Señora, de bulto, y una lámpara sin luz.)

Carlos	La esquina es ésta, mas la luz no veo. La lámpara está muerta.
Federico	¿Qué has hallado?
Carlos	De los vecinos el descuido creo. La luz os falta, y sois quien la ha cuidado. Encender esta lámpara deseo, aunque está todo, al parecer, cerrado; que no ha de estar sin luz la imagen bella de la que siendo madre fue doncella.
Federico	¿Qué ves en la pared, o qué alboroto

te priva de quietud?

Carlos   Oh, Federico,
de esta divina imagen soy devoto,
pues me concede cuanto le suplico.

Federico   ¿Imagen hay aquí?

Carlos   La falta noto,
y así a encender la lámpara me aplico.

Federico   ¿Y si viene tu dama y no te halla?

Carlos   Confuso estoy.

Federico   Después podrás buscalla.

Carlos   Piérdase la ocasión.

Marín   Quedas perdido.

Carlos   Voy a buscar la luz; que me acobarda.
Federico, pues tienes mi vestido,
en esta esquina a la que adoro aguarda;
que no serás de noche conocido
entre las sombras de su capa parda.
Toma el retrato con astucia cuerda;
que aquesta devoción no es bien se pierda.

Federico   Al fin, ¿me quedo aquí?

Carlos   Yo vendré luego;
pero, por si tardare, esto te aviso.

Marín	¡Oh, qué devoto amante!
Carlos	Eso te ruego.
Federico	Aquí te aguardo, pues amor lo quiso.
Carlos	¿Cómo, siendo la zarza, os falta fuego y el ángel del divino paraíso? Mas vuestras luces son puras y bellas, y junto al Sol no lucen las estrellas.
Marín	Pues, por Dios, que no parece nada devoto el galán.
Federico	Mil inspiraciones dan como la ocasión se ofrece.
Marín	Ventura ha sido encontrar este mozo. Loco es; el seso tiene en los pies. Puedes vivir y triunfar.
Federico	Vendrá presto.
Marín	Caso es llano. El preguntarle es error. Yo aseguro que el amor le vuelva al puesto temprano.
Federico	Deseo tengo de ver aquesta dama que alaba y de encarecer no acaba.
Marín	Eso tiene el pretender.

	Gente suena. ¿Si es acaso
	la susodicha?

Federico	Ella es.
	Tardó Carlos.

Marín	¡Ea, pues!
	Cubre el rostro y ponte al paso.
	pues hay tan buena ocasión.

Federico	La luz de las hachas temo.
	¡Es hermosa!

Marín	¡Por extremo!
	Cortas alabanzas son.

(Salen don pajes con hachas encendidas, y detrás Horacio, Julia y Laura, con mantos.)

Horacio	Gente hay al paso, ya sé
	quién es, poco más o menos.

Laura	¡Qué extremos de juicio ajenas!

Federico (Aparte.)	(Más hermosa es que pensé.
	¡Oh, qué divina mujer!)

Horacio	Quitad la luz.

Federico (Aparte.)	(Razón tienen;
	que donde sus ojos vienen
	otra luz no es menester.)

Marín (Aparte.)	(¡Ah, señora, la de atrás!)

Federico (Aparte.)   (Sin duda quedo perdido
si echa de ver el vestido.)

(Dale Julia el retrato de presto.)

Julia   Guardadle.

Federico   No pido más.

Horacio   ¿Qué fue aquello?

Julia   Tropecé.

Horacio   Ya que ciega camináis,
tropezad y no caigáis.

Marín   ¡Hola, trasera! ¡Ce, ce!
Hablad con Inés.

Federico (Aparte.)   (¡Ay, cielos,
qué hermosura y discreción!)

Horacio   Julia, basta un tropezón.

Federico (Aparte.)   (Ya de Carlos tengo celos.)

Marín   ¡Hola, chica!

Laura   ¡Ah, ganapán!
¡No tire!

(Vanse Horacio, Julia, y Laura.)

Marín	¡Lindos extremos! Federico, hablar podemos, que conocido nos han.
Federico	¡Ay, amigo!
Marín	¿Qué te duele?
Federico	Loco estoy.
Marín	Días ha ya.
Federico	Sin luz quedo, pues se va quien me alumbre y me consuele.
Marín	Si te picó la fregona, mira que es mía.
Federico	¡Ay, Marín, otra intención, otro fin mi justa pérdida abona!
Marín	El viejo no pudo ser.
Federico	Deja las burlas ligeras, pues ves que muero de veras.
Marín	Mira, que ha de ser mujer de Carlos.
Federico	Fuerza es que calle si es de mis yerros juez. Quiérola ver otra vez a la vuelta de esa calle.

Marín	Tu pérdida determinas.

Federico	Sígueme.

Marín

En peligro estamos;
que hoy a Génova llegamos,
y andamos tomando esquinas.

(Vanse y sale Carlos con una luz.)

Carlos

El aire ha reconocido,
aunque fue siempre atrevido,
al dueño de mi cuidado,
pues en sus cuevas se ha estado
mudo, absorto y escondido.
   Pero que es razón colijo,
si es de todo actor y padre,
como al Águila lo dijo:
«Que respeten a la madre
los que obedecen al Hijo.»
   Luz os traigo, aunque sois vos
quien puede darla a los dos,
norte que a los puertos guía,
y el alba clara del día,
del Sol de justicia, Dios.
   Sois la Estrella de Belén,
cuya luz, como contemplo,
nos lleva al cielo también;
y el candelero del templo
de la gran Jerusalén.
   Pues nunca luz encendida
os faltó, reina escogida,
antes que naciese Adán,

pues en Palmas os vio Juan
con el mismo Sol vestida.
    Mas Federico se fue.
Mi Julia lo habrá llevado.
Notable ocasión dejé,
pero si luz os he dado
más que he perdido gané.
    Quiero subir y encender
la lámpara; para ver
mejor vuestros ojos bellos;
que si Dios se miró en ellos,
espejos deben de ser.

(Va subiendo por unas gradillas que ha de haber debajo de la Virgen, y enciende la lámpara.)

    Luz tengo, y nadie parece.
Para leer el papel
buena ocasión se me ofrece,
pues el noble dueño de él
mejor cuidado merece.

(Saca el papel y léelo.)

    «Mi bien, aunque el padre mío
con caduco desvarío
quiere mi intento estorbar,
es querer medir el mar
o volver atrás un río.
    A su pesar, tuya soy

(Mientras va leyendo el papel, va dando vuelta la imagen hasta ponerse de espaldas a Carlos.)

y a tu amor agradecida.
El alma propia te doy;
que sin ti no quiero vida,
pues a ti sujeta estoy.»
   ¡Oh, palabras, que me dais,
aunque pintadas estáis,
nueva vida y nuevo ser!
¿Cómo, si sois de mujer,
tanta firmeza mostráis?

(Vuelve a leer.)   «Para acabar tu recelo
saldré contigo, mi bien.
¡Nuevo y no visto consuelo!
Perdone el cielo también,
si se ofende [de] esto el cielo.»
   ¡Raro amor! ¡Ojos! ¿Qué veis?
¿Las espaldas me volvéis,
siendo, entre varios errores,
la que a tantos pecadores
buenas espaldas hacéis?
   ¿Pero de qué estoy quejoso
si Moisés que a Dios habló
afable, manso, amoroso,
por las espaldas le vio,
y se tuvo por dichoso?
   Mas sin duda os ha ofendido
ver que el papel he leído
que tiene locuras tantas;
que a las imágenes santas
mayor respeto es debido.
   El alma tengo turbada.
Mayores desdichas creo;
pues ésta es, Virgen sagrada,
la primera vez que os veo

con pecador indignada.
Que si los vanos antojos
y tan lascivos despojos
tratan delante de vos,
parece que al mismo Dios
le quieren tapar los ojos.
Mas, si el haberle leído
os ha podido enojar,
en la luz que os he traído
podrá, señora, quedar
en ceniza convertido.
Arda el confuso Babel,
tan soberbio y tan cruel.
Y volved, madre piadosa,
el rostro más amorosa
pues veis que es llama el papel.

(Vuelve el rostro la imagen como quema el papel, y cae Carlos por las gradas desmayado, y sale Marín.)

¡Jesús!

Marín   Al fin no he podido
traerle, perdido está.
Ya Carlos habrá venido,
pues trajo luz; pero habrá
nuestra derrota seguido.
¡Oh, Federico, qué loca
intención tu honor apoca!
¡Pero Carlos está aquí
sin vida! ¡Triste de mí!
A lástima me provoca.
¡Señor, señor! Yo he perdido,
si es que la vida perdió,

un muy honrado vestido

Carlos   ¡Ay, Dios!

Marín
                    Sin duda cayó
de aquestas gradas dormido.
  ¡Carlos!

Carlos
                   ¿Quién eres?

Marín
                       Yo soy
Marín, que llorando estoy
verte así.

Carlos
                 Desmayo fue.

Marín   ¿Qué fue la ocasión?

Carlos
                   No sé.
Vamos, que asombrado voy.
  ¿Y Federico?

Marín
                 Siguió
a tu dama.

Carlos
              Eso creí.

Marín
Pienso que a casa volvió;
que quiere aguardarte allí.
¿Aguardas la vuelta?

Carlos
                 No.
Vamos que voy sin sentido.

Marín	Así Federico ha ido.
	¿en qué parará su amor?
Carlos	Si no caí de temor,
	sé que en la cuenta he caído.

(Vanse y sale Federico con el retrato.)

Federico   Ciegas sombras de la noche,
que disteis luz, siendo ciegas,
para que viese unos ojos
cuyas niñas me sujetan,
dad lugar al claro día,
para que, abriendo la puerta
a su horizonte de nácar,
el retrato hermoso vea.
Ya el alba divida el día
de la noche oscura y negra,
llorando de compasión
de oír mis amargas quejas.
Y porque las mira el Sol,
pierden su luz las estrellas;
y él entre rosadas nubes
saca las doradas hebras.
Mas, ¿por qué los cielos miro,
si está mi Sol en la tierra,
y miro en tan breve espacio
más excelente belleza?
¡Hermosa frente, a quien ciñe
el cabello que desprecia
el ámbar y el oro fino;
que mejor color les queda!
¡Los ojos negros y graves
cuyas pestañas aumenta
la hermosura, haciendo sombras

sobre párpados de perlas!
No hay remedio en mis desdichas;
que estoy pobre en tierra ajena,
y sirviendo a quien procura
gozar mi divina prenda.
Entrad al pecho, retrato,
pues el alma y sus potencias
os han dado puerta franca
en el corazón por fuerza.

(Sale el Demonio vestido de galán, con botas y espuelas.)

Demonio   ¿Sois vos el que daba voces?
                           Estéis muy enhorabuena;
                           que habéis hecho que dejase
                           mi caballo entre las hiedras.

Federico   ¿Quién sois, señor?

Demonio   Un hidalgo
                           cuya rara descendencia
                           antes que el mundo ha traído
                           su generación eterna.

Federico   ¡Notable encarecimiento!

Demonio   Y soy a quien más le pesa
                           de que padezcan trabajos
                           los que viven en la tierra.
                           Dame pesadumbre el pobre
                           cuando sufre con paciencia
                           desdichas y enfermedades,
                           desventuras y pobrezas.
                           A los que tristes están

procuro que se diviertan,
que se alegren y regalen
en juegos, gusto y fiestas.
Nadie tiene mi amistad
que conozca a la tristeza.
Todo es gusto, todo es risa,
hasta que la muerte venga.

Federico   Buena condición tenéis.

Demonio   ¿Sois, por ventura, de Génova?
             Que parece que os conozco.

Federico   Desde hoy vivo y muero en ella.

Demonio   ¿Fuisteis soldado en Pavía?

Federico   Allí gané una bandera.

Demonio   Ya os conozco; que Fortuna
             mueve tan grande tormenta.
             ¿No os amaba el capitán
             y os honraba con su mesa?
             ¿Quién os engañó

Federico   Engañóme
             una codicia sedienta.
             Iba a pretender a España,
             y me siguió de manera
             la desdicha que no pude
             conseguir mi honrada empresa.
             Quedéme a servir. ¡Ah, cielos!

Demonio   ¿Un hombre de vuestras prendas

ha de servir a ninguno?
¡Por mi vida, que es afrenta!
¡Servir! Sirva algún villano
que, cansado de las tierras,
busca hambriento la ciudad,
y le falta industria y letras!
¡Yo, servir! Por no servir,
del cielo mismo me fuera;
que aun los que sirven a Dios
me afligen y me avergüenzan.
¿A quién servisteis?

Federico
               A Carlos.

Demonio
Yo tengo cierta pendencia
con él.

Federico
           ¿Y por qué ocasión?

Demonio
No ha sido ocasión pequeña.
Iba conmigo, y dejóme
por llevar a una doncella
que tuvo hijo y marido,
una luz. Bien me desprecia.
Pero así lo paguen todos.
¡No sirváis!

Federico
           ¿De qué manera
puedo dejar de servir
sin dineros y sin prendas?
No es el servir lo que siento.

Demonio
Yo soy amigo de veras,
y podéis fiar de mí

secretos de más esencia;
que yo prometo ayudaros.

Federico

Las palabras y presencia
me obligan a que os estime,
y de mi mal os dé cuenta.
Tiene Carlos una dama
cuyo donaire y belleza
me cautivaron el alma
a pesar de mi soberbia.

Demonio

¿Es Julia acaso?

Federico

Ella es.

Demonio

Pues, ¿qué sentís?

Federico

Que no pueda,
por ser pobre y ser criado,
gozarla ni pretenderla.
Que si fuera poderoso,
con servicios, con ofertas
la ablandara.

Demonio

Oídme agora;
veréis de quien soy las muestras.
¿Qué me daréis [si] os daré
mayor poder y riqueza
que tiene Carlos?

Federico

Pedidme
alguna cosa que tenga.
¡No tenga prenda ninguna;
la vida y el alma os diera!

Demonio	Aquesa palabra estimo;
	que es lo que más me contenta.
Federico	¿Qué pedís?
Demonio	Lo que me dais.
Federico	¿El alma?
Demonio	¿De qué te alteras?
Federico	¿Eres el demonio?
Demonio	Sí.

¿Qué te admiras? ¿De qué tiemblas?
¿No me ves manso y afable,
Federico? ¿Acaso piensas
que somos como pintores
necios nos pintan y muestran?
No perdimos la hermosura
ni aquella profunda ciencia,
aunque perdimos la gracia
sin esperanza de enmienda.
Y advierte que muchos hombres
nacen con tal influencia
de estrella que nos obliga
a servirle, y nos apremia.
Yo vengo forzado así
a ayudarte, porque crezca
tu riqueza y tu esperanza,
que ya por difunta entierras.
Cuanto cría el padre rubio,
y cubren las once esferas,

poseo, gobierno y mando:
oro, plata, aljófar, piedras.
El mar en conchas y ramos
con las ondas verdinegras
para mí cría el coral,
los nácares y las perlas.
Los montes me dan la plata
cuando les sangro las venas
de las encubiertas minas,
sangre que tanto aprovecha.
Esto, y Julia, será tuyo;
y porque mejor me creas,
mira entre estos verdes ramos
si son sombras mis ofertas.

(Descúbrese entre los ramos cantidad de oro y joyas.)

¿Es mejor servir a Carlos,
donde sufras y padezcas
celos que matan a espacio,
que ser dueño de esta herencia?
Acepta, pues, mi amistad;
que tu juro si lo aceptas,
que te respeten los orbes,
y los hombres te obedezcan.

Federico   Turbado y confuso estoy.
¡Oh, Amor, grandes son tus fuerzas!
Tú me animas, tú me incitas.
No hay valor ni resistencia.
Interés es poderoso.
No hay muralla que no venza,
cuanto más un pecho amante
convertido en blanda cera.

Oro, perlas, diamantes,
mujer, gusto, honor, grandeza,
el amor y la ambición
a los ojos me presentan.
¡Poderosos enemigos!

Demonio   ¿En qué dudas? ¿En qué piensas?

Federico   Balas tiran a la vista;
derribarán las almenas.
El corazón se me abrasa.

Demonio   Ese retrato contempla.
Mira si el original
será justo que la pierdas.

Federico   Venció Amor. Y tú venciste.

Demonio   Dame los brazos, y espera
de mí mayores favores.

Federico   Ya tus palabras me alegran.

Demonio   Yo te juro, Federico,
que has de ver por experiencia
mi valor. Yo haré que Carlos
pobre y humilde se vea,
y llegue a servirte a ti.
Compra un palacio que exceda
los alcázares de Mino.
Busca pajes, da libreas;
que aquí tiene un millón.

Federico   ¿Qué haré para las sospechas

que tendrán, viéndome rico?

Demonio   Di que te envió tu hacienda
la justicia de la Pulla,
y que te han dado por pena
un destierro de por vida
que fue piadosa sentencia.
Sube en mi caballo, y carga
de esas joyas cuanto puedas;
que después vendrás de noche
para llevar las que restan.

Federico   Presto, mi Julia querida,
aguardo que bien me quieras,
y gozar tus dulces brazos
en la cama y en la mesa.

Demonio   Sube, pues.

Federico   ¡Grande amistad!
De amigo son claras muestras.

Demonio   Yo soy amigo del alma;
que de Dios me vengo en ella.

(Vanse.)

Fin de la primera jornada

Jornada segunda

(Salen Horacio y Fabricio.)

Horacio	Admirado me deja esta grandeza.
Fabricio	Es poco lo que veis, señor Horacio.
	Si veis de esotras cuadras la riqueza,
	tan adornadas en tan breve espacio,
	no iguala a su hermosura y su grandeza
	de Numa y Mino, alcázar y palacio.
Horacio	¿Quién es, Fabricio, aqueste caballero?
Fabricio	Ser rico es el linaje verdadero.
	No preguntéis al que dinero tiene
	si es sangre de los godos.
Horacio	¡Cosa clara!
	Si a gastar neciamente se previene,
	de Carlos seguirá la suerte avara.
Fabricio	Proceder cuerdamente le conviene.
Horacio	Carlos me pidió ayer que le comprara
	una sola heredad que le quedaba,
	que sus frutales en el mar miraba.
	Paguésela, y en menos de un momento,
	llevaron el dinero acreedores.
Fabricio	El fue de sus desdichas instrumento.
Horacio	¡Líbreme Dios de mozos gastadores!

Fabricio   Pero volviendo, Horacio, a nuestro cuento,
veréis el patio, salas, corredores,
jardines, camarines y retretes,
flores, pinturas, paños y bufetes.
   Los escritorios, sobre blancas bolas
de alabastro, pirámides parecen;
unos muestran del mar las canas olas,
otros de montería se guarnecen.
Aun en las cuadras que veréis más solas,
tales pinturas a la vista ofrecen,
que se juzga vencida en cualquier parte
naturaleza del poder del arte.

Horacio   Ver este Creso o Midas deseaba.

Fabricio   Presto podrás cumplir ese deseo;
ya le bendice Génova y alaba.

Horacio   ¿Es hermoso y galán?

Fabricio   ¿Qué rico es feo?

Horacio   ¿Sabes qué hace?

Fabricio   De vestirse acaba,
y que ha salido a aquesta sala creo.

Horacio   ¿Haréle reverencia?

Fabricio   Sí, que es rico.

Horacio   ¿Qué nombre tiene?

Fabricio   El nombre es Federico.

(Salen Federico muy galán, Octavio y Jorge con él, y Marín, Garavís, paje y otros.)

Octavio

El no haberos conocido
causó la descortesía
de no hacer el primer día
lo que es a un noble debido.
  Dos criados nos tened,
y admitid la voluntad.

Marín (Aparte.)

(¡Cielos! ¿Es esto verdad?)

Federico

Mucho estimo esa merced.

Jorge

  Servicio muy corto es;
que si descorteses fuimos,
no agradezcáis que venimos
para besaros los pies.

Federico

Los vuestros mil veces beso.

(Hablan aparte Horacio y Fabricio.)

Horacio

Sones de lisonja toco.
¿No ve?

Fabricio

Los ricos ven poco.

Horacio

Esa verdad te confieso.
  Hacer tantas reverencias
un viejo es cosa cansada.

Fabricio

El oro en cosa juzgada

Tiene aquesas preeminencias.
Acércate más.

Federico   ¿Quién es?

Octavio   Nobles de Génova son.

Horacio   Debéis a nuestra afición
satisfacción tan cortés.

Jorge   Éste es padre de una dama
la más discreta y más bella
gallarda, noble y doncella.

Federico   ¿El nombre?

Jorge   Julia, se llama.

Federico (Aparte.)   (¡Oh, cielos, qué alteración!
Alma y lengua me enmudece
cuando mi dicha me ofrece
tan medida la ocasión.)
    Noble Horacio, perdonad,
pues era yo quien debía
esta visita.

Octavio (Aparte.)   (Él se guía
con notable gravedad.)

Horacio   Ésta es justa obligación
que se tiene al forastero.

Federico   Ser muy natural espero,
pues lo soy en afición.

Horacio	Por la fama que he tenido de quién sois, a visitaros vengo.
Federico	¿Cómo he de pagaros el favor que he recibido?
Horacio	Con tenerme por amigo.
Federico (Aparte.)	(Por padre teneros quiero. ¡Cielos! Si callado muero, muy mal mi intento consigo.) Con extremo he deseado veros, que vuestra nobleza, discreción, fama y riqueza ocasión al vulgo han dado.
Horacio	Mercedes son que de vos recibo.
Federico	¿No os sirvo en nada?
Horacio	Afición es demasiada si no hay trato entre los dos.
(Aparte.)	(Cierta malicia sospecho que no me estuviera mal.)
Federico	De un hombre tan principal honra la sangre mi pecho; que después de ser soldado y estar de mi patria ausente, aunque un amigo y pariente mi hacienda me ha enviado,

	fuera bien vivir quieto.
Horacio	Digo que tenéis razón;
	que huir la ocasión
	es aviso de discreto.
Octavio	Paréceme que le pide
	su hija.
Fabricio	Creo que sí.
	¡Y le estará bien, si aquí
	con el interés se mide!
Jorge	¿En quién mejor empleada
	puede estar?
Octavio	Carlos, ¿qué hará?
Jorge	¿Qué ha de hacer si pobre está,
	y el pobre a ninguno agrada?
Federico	Perdonadme si os ofendo...
Horacio	Antes recibo favor.
Federico	...que es atrevido el amor.
Marín	¡Vive Dios, que no le entiendo!
Horacio (Aparte.)	(No fue mi sospecha vana;
	y que me está bien, infiero,
	si es tan rico y caballero.)
Federico (Aparte.)	(Hoy mi esperanza se allana.)
	Aquí aparte me escuchad.

Horacio	Ya pienso que os he entendido.
Federico	Bien sé que culpa he tenido
	en hablar con libertad.
	Mas, Amor, ¿qué no derriba?
	¿Qué libertad no conquista?
	Pues entrando por la vista
	los corazones cautiva.
	A la hermosa Julia vi,
	que el cielo se cifra en ella.
	Nunca yo llegara a vella;
	pues por ella estoy sin mí.
	Si mi calidad y hacienda
	son dignos de este favor,
	haced que alcance mi amor
	los quilates de esta prenda.
Horacio	No niego que es cierta cosa
	que gano en que vuestra sea;
	que si en algo ha sido fea,
	es en ser tan venturosa.
	Mas obra que es de esta suerte,
	ha de llevar buen cimiento,
	que es prisión el casamiento
	de quien es juez la muerte;
	demás que la condición
	de Julia no es de manera
	que tan fácilmente diera
	lugar a vuestra intención;
	que es temeraria, os prometo.
	Conquistar de espacio es justo,
	porque en razón de su gusto
	suele perderse el respeto.

Lo que por vos puedo hacer
es saber su voluntad.

Federico   Dadme los pies.

Horacio   Levantad.

Federico   No puedo el gusto vencer.
                      Dad licencia a que la envíe
                   un recado.

Horacio   Eso permito.

Federico   En el bien que solicito
                   Amor mis intentos guíe.

Horacio   Más de espacio entre los dos
                   se tratará.

Federico   Eso procuro
                   en la dicha que aseguro.

Horacio   Adiós, Federico.

(Vase Horacio.)

Federico   Adiós.

Octavio   Si es cierto lo que imagino,
                   discretamente escogéis.

Fabricio   Bien es que prendado estéis
                   de sujeto tan divino.

Jorge	Es bella y noble.
Federico	¡Marín!
Marín	¿Señor?
Federico	Llega.
Marín	Estoy turbado.
Federico	¿No llevarás un recado a mi bello serafín?
Marín	¿A quién?
Federico	A mi Julia hermosa.
Marín	¿Quién diré que se le envía?
Federico	Yo.
Marín	¿Quién eres?
Federico	Quien solía, ¿no sabes?
Marín	¡Graciosa cosa! ¿Qué? ¿Tú eres aquel soldado que desnudo llegó aquí? ¿Cómo estás agora así en perlas y oro engastado?
Federico	¿Pues no ves que me han traído mi hacienda?

Marín	Pues, ¿tú tenías
	aquestas tapicerías?
	Señor, yo pierdo el sentido.
	El conde Partinuplés,
	pienso que anda por aquí;
	pues desnudo me dormí
	y desperté como ves.
Federico	¡Aparta, necio!
Garavís	Señor,
	si importa mucho, yo iré;
	que aunque soy pequeño, sé
	las huroneras de amor.
Federico	¿Conoces a Julia?
Garavís	Sí.
Federico	Dile... mas no hables con ella;
	que si es cruel como bella,
	hará donaire de mí.
Garavís	A las criadas conquista,
	que éstas alivian la pena.
Federico	Dale a Laura esta cadena.
Garavís	¿Qué pecho habrá que resista
	los golpes del interés?
Federico	Dile que sea tercera,
	que esta dádiva primera

	será más grande después.
Garavís	¿Del padre estamos seguros?
Federico	Sí.
Garavís	Pues de mi ingenio fía, que tú verás en un día aportillados los muros. Adiós.

(Vase Garavís.)

Federico	Iremos al mar. Dadme el caballo.
Marín	¡Qué extremos!
Fabricio	También os enseñaremos la belleza del lugar.
Federico	La que más estimo es veros. ¡Quita, necio! Entrad los dos.
Marín	No me acordaba, por Dios, de que éramos caballeros.

(Vanse todos y sale Carlos en traje humilde.)

Carlos	Nada me sucede bien. ¡Vive Dios, que estoy perdido! Fortuna, la rueda ten; mira que temo tu olvido y recelo tu desdén.

En el bien eres mudable
y solo en el mal estable.
Dichoso, Fortuna, fuera
aquél que no te tuviera
contraria ni favorable.
　¡Oh, caras orillas frías
del mar que menguado vais,
ya furiosas, ya tardías!
Sospecho que os retiráis
por no oír las quejas mías.

(Salen Federico, Fabricio, Octavio, Jorge, Marín y criados.)

Fabricio
　　　　　　Es forzosa obligación
debida a vuestra nobleza.

Octavio
　　　　　　Noble y leal condición.

Carlos (Aparte.)
　　　　　　(¡Oh, cuál viene la riqueza
cercada de adulación!
　A mi mal estás opuesto.
En un peso nos ha puesto
la Fortuna, que a las nubes
te va levantando, y subes
porque yo baje más presto.
　Ya que no puedo ocultarme,
aunque la razón me sobre,
hablar quiero y alegrarme,
que no es bien hacerme pobre
con quien no ha de remediarme.)

Octavio
　　　　　　Éste es Carlos.

Jorge
　　　　　　　　No le habléis,

que es loco.

Federico   No le culpéis.
(Aparte.)   (¡Oh, leyes de la ambición!)

Fabricio   Con los que tan necios son
              no es bien que ese amor mostréis.

Federico   Débole mil amistades,
              y que le honréis todos quiero.

Octavio   En vano le persuades.

Jorge   Seréis el rico primero
              que es amigo de verdades.

Federico   ¡Señor, Carlos!

Carlos   ¡Federico!

Federico   ¿Qué es esto? ¿Ya no me habláis?

Carlos   Que me perdonéis os suplico.

Federico   Poco mi amor estimáis;
              que es mayor que significo.

Carlos   Quien tiene nuevos cuidados
              estilos corteses pierde;
              y sé que en nuevos estados
              no hay ninguno que se acuerde
              de beneficios pasados.
                 Dispuso naturaleza
              las leyes de la riqueza

con privilegios sin tasa.

Federico   Todos los rompe, y traspasa
el amor y la nobleza.
    ¿Triste estáis?

Carlos   Tengo ocasión.

Federico   ¿Qué es la ocasión?

Carlos   No tener.

Federico   Bastantes pesares son.

Octavio   No le habléis, si puede ser.

Fabricio   Llegaos a conversación.

Carlos   Ver mi hacienda perdida
y el discurso de mi vida
siempre tan sujeta a amor;
ver tan dudoso el favor
en quien pienso que me olvida;
    ver que cuando rico estaba
a mi Julia no gocé
porque el padre le estorbaba,
y que si pobre me ve,
toda mi esperanza acaba,
    dame ocasión a que muera
a manos de mis cuidados.

Federico   ¿Tan pobre estáis?

Carlos   Bien pudiera

decir que no me ha quedado
para enterrarme siquiera.
　　Una imagen que he traído
siempre conmigo ha salido,
de tan notable afición
que a no ser de devoción
también la hubiera vendido.

Federico　　¡Válgame Dios!

Carlos　　　　　　　Esto es cierto.

Federico　　¿Qué puedo por vos hacer?

Carlos　　　Pues de mi mal os advierto,
pueda yo por vos vencer
un peligro descubierto.
　　Que espero en vuestro valor
darle buen fin a mi amor,
que, pues tanto publicáis
la obligación en que estáis,
confío en vuestro [favor].

Federico　　　Daros mi hacienda es debida
deuda de nuestra amistad;
mas no os espantéis que impida
esa larga voluntad
que os ha de costar la vida.
　　Siempre el discreto reporta
un frenesí que le acorta
la vida mal empleada;
que aunque no me importa nada
por nuestra amistad me importa.

Carlos	Federico, es imposible
	que deje de pretender;
	que es la inclinación terrible,
	y nadie podrá vencer
	voluntad tan invencible.
	Bien sé que no me ha olvidado
	por verme tan desdichado.
Federico (Aparte.)	(Hoy se muestra mi prudencia.)
	Pues hagamos la experiencia.
	Veréis que estáis engañado,
	y que solo el interés
	es el cebo que la anima,
	porque la olvidéis después.
Carlos	Ya conozco que me estima.
Federico	Y yo que es al revés.
	Dejad que yo la pretenda,
	y veréis como a la hacienda
	y no al hombre da favores.
(Aparte.)	(De esta suerte a mis temores
	les doy seguro la rienda;
	que cuando sepa muy cierto
	que la sirvo, pensará
	que es solo por el concierto.)
Carlos	Aquesta prueba os dirá
	la verdad de que os advierto.
	Ofreced, solicitad,
	y vuestro poder mostrad;
	y cuando quedéis vencido
	de su firme amor, os pido
	que amparéis mi voluntad.

Federico	Vos veréis de la manera
	que os sirvo en esto.
Carlos	Eso creo.
Federico	El interés vuelve en cera
	el más valiente Teseo.
Carlos	De espacio hablaros quisiera.
Federico	Venir conmigo podéis,
	o en mi casa me veréis.
Carlos	Después iré a visitaros;
	que tengo qué suplicaros.
Federico	Si os tengo amistad veréis.
Marín	En pensar entretenido
	esta mudanza de estado,
	a vuested no he conocido.
Carlos	¡Oh, Marín!
Marín	Soy su criado
	aunque no me dio el vestido.
	Mas no me espanto, que ya
	las mandas se dan así
	Mas ya vino por acá
	el socorro.
Carlos	Si ofrecí,
	cobrad.

Marín	Ya cobrado está;
	que soy hombre agradecido,
	y toda mi vida he sido
	a los buenos inclinado;
	y reniego del criado
	que sirve por el vestido.

Carlos	Dices bien.

Marín	Verdades digo.

Federico	¿Queréisos venir conmigo,
	Carlos?

Carlos	Perdonad, por Dios,
	que estos que vienen con vos
	no me tienen por amigo.

Fabricio (Aparte.)	(¡Si acabase Federico!)

Federico	Que vais conmigo, os suplico.

Carlos	Junto al oro seré cobre,
	y pareceré más pobre
	si voy al lado del rico.

(Vanse todos y salen Laura y Garavís.)

Laura	¿Quién sois al fin?

Garavís	¿No lo veis?
	En el talle un paje soy,
	que a mi señor gusto doy

en el oficio que veis.

Laura   ¿Y quién es vuestro señor?

Garavís   El más rico caballero
que he visto ni ver espero,
aunque pobre del favor
 que procura y solicita.

Laura   ¿Difícil empresa intenta?

Garavís   La dificultad aumenta;
mas el deseo la incita.
 De esta cadena os servid
porque abogado seáis
en su pleito. ¿Qué dudáis?

Laura (Aparte.)   (Éste es el perfecto ardid;
 mas hacerme de rogar
es bien, por más esperanza,
que lo que presto se alcanza
poco se suele estimar.)
 ¡Jesús, niño! ¿Yo, interés?
¡Perdóneme tu señor!

Garavís (Aparte.) (¡Qué lindo para mi humor!
Échele la garra, pues.)
 ¡Pesar de mí, que son finos
todos estos eslabones!
¿Para qué son los turrones
conmigo?

Laura   ¡Qué desatinos!

Garavís	Mire, lo que se ha de hacer
	tarde, hágase temprano;
	que la arrojo. Abra la mano.
Laura	Si le ha de dejar caer,
	muestre acá.
Garavís	Eso me contenta.
	Quien recibe, sabe dar.
	Aquésta puede asentar
	en su libro a buena cuenta;
	que hay diamante como un huevo,
	y escudos por celemines,
	que aun para pescar delfines
	es éste bastante cebo.
Laura	Y como que ya yo estoy
	asida del paladar,
	Carlos puede perdonar
	si tan mal pago le doy;
	que quien no tiene, perece.
Garavís	Pues, ¿quiérela Carlos bien?
Laura	Y ella le quiere también.
Garavís	Más Federico merece;
	que éste es de mi dueño el nombre;
	que es gallardo, liberal,
	noble, hermoso, principal,
	rico, afable, gentilhombre,
	y trescientas cosas más.
	Habla con Julia, encarece
	lo que mi señor padece;

que más que un Fúcar tendrás.

Laura   Tú verás mi voluntad.

Garavís (Aparte.)   (Hasta aquí mi amo habló;
agora entro y digo yo
conmigo por caridad.)
   Señora, Laura o Laurel
con que el amor se corona,
aunque es chica la persona
y la letra del cartel,
   sepa que se alquila aquí
un grande amor, una fe
más de marca. Haga vuesé
que viva la suya en mí,
   aunque chico, gentes amo.

Laura   ¡Ay, el mundo va perdido!
Del cascarón no ha salido
y ya sirve de reclamo.

Garavís   Pues, ¿qué la parche?

Laura   Después
podremos hablar mejor.
Vete porque mi señor
no venga.

Garavís   Ya el interés
antes que a ti le ha vencido.
Con su gusto vengo yo.

Laura   ¡Mi señora...! No sé..., [¡no!]...
ya a aquesta cuadra ha salido.

Garavís

Déle vuesarced un nudo
a nuestra conversación
hasta mejor ocasión.

Laura (Aparte.)

(El rapacillo es agudo.)

(Sale Julia.)

Julia

Laura, ¿qué haces?

Laura

Aquí
con aqueste paje estoy
que es conocido.

Garavís

Sí, soy,
porque en su casa nací.

Julia

¿A quién sirve?

Laura

A un caballero
con notable extremo rico.

Julia

¿Y es su nombre?

Laura

Federico.

Julia

¿Ginovés?

Laura

Es forastero.

Julia

Sí, que ese nombre jamás
le he oído.

Garavís	Ha poco, señora,
	que está en Génova.
	Habla agora,
	pues en la ocasión estás.
Julia	¿Hasle visto?
Garavís	Di que sí,
	y alábale.
Laura	Estotro día
	desde aquella celosía
	en un caballo le vi;
	galán como el mismo Sol,
	con vestido cortesano,
	que en un cuerpo italiano
	mostraba brío español.
	Volvió a mirar con cuidado
	la reja, puerta y balcón,
	propia seña de afición.
Garavís	¡Ah, qué bien lo has encajado!
	Adelante, pesia mí.
Julia	¿Con afición te miró?
Laura	A la reja, que a mí no.
Julia	Pues, ¿qué pudo ver allí?
Laura	Tú lo entenderás mejor.
Julia	Si solamente a las rejas
	dice ese galán sus quejas,

¡las rejas le den favor!

Garavís
    Quien es amante cobarde,
mi señora, entender puedes,
que mirando las paredes,
se declara nunca o tarde.
    Quien tiene una joya bella
en una caja encerrada,
el ver la caja le agrada
por lo que está dentro de ella.

Julia
    Basta, ya estáis entendido.

Laura
A fe que me prometía...

Julia
Quien de criadas se fía,
este pago ha merecido.
    ¿Es eso lo que querías,
a Carlos? ¿Tal pago das
a las deudas en que estás?
Presto a su fuego te enfrías.
    Ya conozco tu intención,
y lo que dices entiendo.

Laura
Yo imagino que te ofendo
en sustentar su atención,
    pues ya por su vanidad
es pobre ese caballero.

Julia
Necia, ¿quiero yo al dinero
o al hombre?

Laura
    Dices verdad,
porque quien bien aconseja

72

debe evitar el engaño;
que después de hecho el daño,
es sin remedio la queja.
    No es esto errar el camino;
que a dos leguas de rodeo
vuelven a él.

Julia   Tu deseo
y pretensión imagino.
    No trates de eso en tu vida.
No me canses y porfías.

(Garavís y Laura hablan aparte.)

Laura   ¿Qué dices?

Garavís   No desconfíes,
pues a tres va la vencida.
    No vencerás sus cuidados,
si a la francesa acometes,
porque pobres y alcahuetes
diz que han de ser porfiados
    con un tudesco tesón.

Julia   Mi padre viene.

Laura   Es así.

Garavís   No importa que esté yo aquí
[siendo pequeño pajón].

(Sale Horacio.)

Horacio   ¡Julia!

Julia   ¿Señor?

Horacio   Disgustada
parece que estás.

Julia   No, a fe.

Horacio   Como en espejo, se ve
en ti mi vejez cansada.
    Ruego al cielo que te dé
lo que pide tu hermosura,
aunque siempre la ventura
contra la hermosura esté.

Julia   Eres parte apasionada,
y el amor propio te guía.

Horacio   Este paje, ¿qué quería?

Julia   Vino a ver esta criada;
    que de un Federico es
criado.

Horacio   Ya sé su intento.
Es de ilustre nacimiento,
afable, noble y cortés,
    y, pienso, el más poderoso
de Génova toda.

Julia   ¿A fe?
¿Vísteisle ya?

Horacio   Hoy le hablé.

	No es necio presuntuoso
	como esotro mozalbito;
	que es liberal y prudente;
	que quien gasta locamente
	hace la virtud delito.

Julia (Aparte.)   (¡Oh, también viene tocado
mi padre del interés!)
Yo me voy. Beso tus pies.

Horacio   ¡Qué presto te has enfadado
de que alaben a ninguno
sino a Carlos! Siempre ha sido
cualquiera nombre a tu oído
ofensible e importuno.
¡Pues, has de oír, vive Dios,
las verdades!

Julia   ¿Qué me quieres?

Horacio   A dondequiera que fueres,
hemos de ir juntos los dos.
Carlos es loco,...

Garavís (Aparte.)   (¡Oh, qué bueno
a la demanda salió!)

Horacio   ...vano...

Julia   ¿Digo yo que no?

Horacio   ...de cuatro mil faltas lleno;
Federico, noble, afable...

Julia	Sea muy enhorabuena.
Laura	Dígalo aquesta cadena.
Garavís	¿Quieres que después te hable?
Laura	¿Después vendrás?
Garavís	¡Pesia tal!
Horacio	¡Vive Dios, que si le ensayo, que he de hacer que el papagayo diga de tu Carlos mal!

(Vanse y salen Federico y el Demonio, Marín y criados.)

Demonio	Dame los brazos, amigo, que te estimo de manera que eternamente quisiera, Federico, estar contigo.
Federico	Quien con obras se acredita, palabras puede excusar; que con ellas puede hablar. Pues que mi bien solicita, ¿No preguntas cómo estoy?
Demonio	¿Yo preguntar? ¿Para qué? Ya, Federico, lo sé, pues siempre contigo estoy. Tanto te quiero y estimo por tu mucha discreción, que en cualquier conversación al propio lado me arrimo.

	Y en mí tal efecto labras,
	oyendo tu estilo altivo
	que en mi pensamiento escribo
	tus obras y tus palabras.
Federico	¡Oh, amigo, cuánto te debo!
	Gusto, honor, riqueza y vida.
Demonio	La paga está concedida.
Federico	Eso es honrarme de nuevo.
	Llegad sillas.
Paje	¿Quién es éste?
Marín	¿Conocéisle vos?
Paje	Yo, no.
Marín	Así, pues, tampoco yo.
	El juicio hará que me cueste
	esta duda y confusión.
Demonio	Del poder que darte quiero,
	amigo, la paga espero
	en tu alma y corazón;
	que si la amistad se imprime
	en ella, con la amistad
	pagarás mi voluntad,
	porque a servirte me animo.
	Toda Génova por verte
	se altera.
Federico	A César igualo.

Demonio	Gozad de gusto y regalo hasta que venga la muerte, que vendrá cuando ya estés viejo y cansado. Imagina que es tan flaca, que camina llenos de plomo los pies.
Federico	Si tú a mí Julia me das, no hay mayor gloria que pida en el curso de mi vida.
Demonio	Ni tienes que esperar más. ¿Qué más quieres? Mujer bella, hacienda y gusto, ¿no son glorias?
Federico	¿Basta mi afición para poder merecella?
Demonio	El padre gusta en extremo de que se case contigo, y yo estoy aquí.
Federico	¡Ay, amigo, que en fuego de amor me quemo!
Demonio	En otro fuego mayor te abrasarás.
Federico	¿De qué suerte?
Demonio	Que es más temerario, advierte, el de un celoso furor. ¿No estás alegre de ver

pobre a Carlos, y que a ti
te pide favor?

Federico
                          Así,
amigo, pienso vencer,
   aunque he de darle dinero,
porque mi amor no sospeche.

Demonio
No hayas miedo que aproveche
si le das un mundo entero,
   porque yo le quitaré
todo cuanto tú le dieres.

Federico
¿La ciencia humana prefieres?

Demonio
Y la divina alcancé.
   La propia sabiduría
pierde conmigo opinión,
dígatelo Salomón,
Federico, que escribía
   que al Infante de Belén
embestí; y dirá su ejemplo,
el pináculo del templo
de la gran Jerusalén.

(Sale Garavís.)

Garavís
            ¡Señor!

Federico
                  Seas bien venido.

Garavís
A lo que mandaste fui.
Laura es de tu parte, y di
asalto al muro rompido.

Defiéndese, porque tiene
a Carlos tanta afición
que le ha dado el corazón
fuerza, e industria conviene.

Federico   ¡Ay, cielos!

Demonio   ¿Por qué le pides
favor al cielo, si estoy
de tu parte?

Federico   Muerto soy
si mi disfavor no impides.

Demonio   [Dejadnos] solos.

Marín   Salgamos
de la sala.

Garavís   ¡Oh, qué fineza
de amante!

Paje   ¡Extraña tristeza!

Garavís   Pero entrambos deseamos.

(Vanse.)

Federico   ¿De qué sirve, caro amigo,
que en las salas y jardines
flores retraten el cielo
y sus estrellas imiten,
si ha de faltarme la joya
más preciosa que te piden

mis esperanzas dichosas
si gozan tan dulces fines?

Demonio   Oh, Federico, no sabes
cuán ardua empresa me pides,
qué hecho tan temerario,
qué pretensión tan difícil.
Pídeme que las estrellas
de los epiciclos quite,
y que la Luna y el Sol
con negras nubes eclipse,
que del mar los mudos peces
medrosos hablen y griten,
que haga dulces las aguas
aunque envueltas en salitre,
y no que dé muerte a Carlos;
que con armas doblas riñe,
y en letreando dos letras
del abecé, es invencible.

Federico   Pierdo el sentido de pena.
¿En qué tu temor consiste?
¿Quién le defiende y le guarda
para que te atemorices?
¿Es santo?

Demonio   Pecador es,
y tan libremente vive,
que de vicios se sustenta,
y de pecados se viste.

Federico   ¿Da limosnas?

Demonio   Antes daba

con profanidades viles
su hacienda a menesterosos
maldicientes y malsines.

Federico   ¿No jura?

Demonio   Siempre su boca
trae por vicio incorregible
el nombre de Dios; que aun yo
tiemblo en nombrarle y decirle.

Federico   ¿Es casto?

Demonio   No hay mujer noble
a quien el honor no quite
con profanas alabanzas
aunque a Julia quiere y sirve.

Federico   Pues, ¿qué tiene que le temes?

Demonio   El ser devoto...

Federico   Prosigue.

Demonio   ...de la esposa de José.

Federico   Por rodeos me lo dices.

Demonio   Por no tomar en la boca...
—¡Basta para que le libre!—.
...María, pues es parienta
de los tres que en uno asisten.
Hija del Padre y del Verbo,
madre y cara esposa humilde

	del Amor, ¿han de negarle su favor? Es imposible. Ella le defiende.
Federico	¡Ay, muero!
Demonio	Espera, ¿de qué te afliges? Que yo pienso hacer muy presto que esta devoción olvide. Licencia tengo de Dios, si en todo un día no pide favor a aquesta doncella, para matarle y asirle. Hoy divertido en la pena que en verse pobre recibe, no se ha acordado, y ya llega la noche lóbrega y triste. Si a las doce de la noche, cuando empiezan los maitines, no se ha acordado, le llevo, y contigo no compite.
Federico	Él ha de venir a hablarme.
Demonio	Pues, con palabras sutiles le divertiré. Ya viene.
Federico	¿Ya le has visto?
Demonio	Soy un lince. ¡Ea, piadosa mujer, no le llames ni le incites!

(Sale Carlos.)

Carlos	Bésoos mil veces las manos.
Federico	Las vuestras, Carlos, os pido.
Demonio	Aunque no soy conocido por los caminos humanos, por amigo me tened.
Carlos	Esclavo seré de vos.
Demonio (Aparte.)	(¡Bien dice!)
Federico	Sentaos los dos.
Demonio (Aparte.)	(Tiende la engañosa red.)
Carlos	¿No os he visto en el lugar otra vez?
Demonio	No, que no soy de la tierra, aunque aquí estoy.
Federico	Bien le podéis estimar.
Demonio	Yo os he visto y deseado que mi amistad recibáis. Parece que triste estáis.
Carlos	Tengo ocasión y cuidado.
Federico	Que no tenéis para qué, dad de mano a la pasión.

Carlos	¿Da el reloj?
Demonio	Las nueve son, que es temprano.
Carlos	Ya lo sé.
Demonio	Aunque estéis algo alcanzado de dineros, podrá ser volver al antiguo ser y al gusto y vicio pasado. No traigáis a la memoria cosas que disgusto os den.
Carlos	Conozco que decís bien, pues vuelve en pena la gloria.
Federico	Es estar enamorado hace[r] que viva afligido.
Demonio	Pues a un hombre bien nacido, ¿le causa el amor cuidado? Si resiste la mujer, forzarla; si el padre impide, darle la muerte.
Carlos	Eso pide un furioso proceder. Pero no quiero por fuerza cosas que de gusto son.
Demonio	¿Es hermosa?
Carlos	Mi pasión

aquesa opinión esfuerza;
más que la Luna y estrellas,
más que el Sol.

Demonio   ¿Más que Clavela
a quien Fabricio amartela?

Carlos   Escurece las más bellas.

Demonio   Mirad, que Clavela es
hermosa.

Carlos   ¿Qué dificultas,
pues sé las partes ocultas?

Federico   Dice bien.

Carlos   Una, dos, tres...

Demonio   Las diez serán, ¿qué contáis?
(Aparte.)   (Solamente faltan dos.)
¿Que es tan hermosa?

Federico   ¡Por Dios,
que muy bien prendado estáis!

Demonio   ¿Conocéis a Flora?

Carlos   Sí.

Demonio   Ésa diz que es la mujer
más bella que hay.

Carlos   No ha de ser

como el Sol que alumbra aquí;
　　que Flora es necia, que es
propia calidad de hermosa;
pero mi Julia es graciosa.

Demonio　　　　No es bien que a Flora infamáis,
　　　　　　　　　que yo sé que Jorge está
　　　　　　　　loca por ella y es hombre
　　　　　　　　de buen ingenio y buen nombre.

Carlos　　　　　La experiencia lo dirá.
　　　　　　　　　¿Habéis visto a Julia?

Demonio　　　　　　　　　　　　Sí.
　　　　　　　　No puedo negar que es bella;
　　　　　　　　mas es Flora clara estrella
　　　　　　　　que da luz al Sol aquí.

Carlos　　　　　　No habéis visto bien, señor,
　　　　　　　　aquella rara belleza
　　　　　　　　que es causa de mi tristeza
　　　　　　　　y principio de mi amor.

(Vuelta a Federico.)

Demonio　　　　　El reloj ha vuelto a dar;
　　　　　　　　las once son. No te queda
　　　　　　　　más de una hora, porque pueda
　　　　　　　　de esta doncella triunfar.
　　　　　　　　　Con esta conversación
　　　　　　　　le divierto.
(A Carlos.)　　　　　　　¿No tenéis
　　　　　　　　su retrato?

Carlos	En él podéis juzgar si tengo razón.
Federico	Enseñadle.
Carlos	Aquí guardado le tengo.
Demonio	Verle querría.
Carlos	Tomad.
Demonio (Aparte.)	(¡Aquésta es María!) Di, ¿qué veneno me has dado? ¡Pese al cielo y pese a mí!
Carlos	¿Qué es eso?
Federico	Desmayo ha sido.
Carlos	El retrato se ha caído. ¡Virgen! ¿Vos estáis aquí en el suelo? ¡Claro norte de pecadores!
Demonio (Aparte.)	(¡Yo he sido, cuando ya estaba perdido, antídoto que le importe!)
Carlos	¡Oh, cielos, que en todo el día no me he acordado de vos, custodia del mismo Dios! Rezar quiero. Ave María,...
Demonio	Ven, que reviento de pena.

Federico	Carlos, aquí me aguardad.
Carlos	A vuestro amigo curad.
Demonio	Ya no hay cura.
Carlos	...gratia plena...
Demonio	Ven, ¡no escuchen mis oídos las palabras de Gabriel! No hay escudo como aquél para golpes atrevidos.

(Llévale Federico al Demonio.)

Carlos	Cerca de las doce son,
	y como ocupado estaba
	en la lascivia, olvidaba
	de ordinaria devoción.
	    Hablemos aquí los dos,
	pues es muy justo que entienda
	que es necio quien por la hacienda
	en olvido pone a Dios.
	    Ya la cadena vendí,
	Virgen santa, en que os traía
	al cuello por guarda mía,
	mas no os apartéis de mí.
	    Acertar por yerro fue,
	que así mi vida dilato,
	pues por sacar un retrato
	de Julia, el vuestro saqué.
	    Parece que sueño ha sido
	todo cuanto me ha pasado,

pues sin haberos hablado,
tantas horas he vivido.

(Sale Marín con un talegón.)

Marín
    Aquí os traigo... pero está
divertido Carlos. ¡Ce!
Mas con el dinero haré
que vuelva a verme. Sí, hará,
  que no hay son como el dinero
para despertar dormidos,
que volverá los sentidos
al más loco y majadero.
  ¡Carlos, señor!

Carlos
          ¿Quién me llama?

Marín
Vuestro amigo verdadero.

Carlos
¿Qué tiene aquel caballero.

Marín
Allí se ha echado en la cama
  de mi señor Federico.
Yo os tengo tan grande amor
que olvidaré a mi señor
por vos. Que calléis suplico.
  Y sabed...

Carlos
         ¿Qué he de saber?

Marín
Que a Julia sirve y pretende,
y vuestra amistad ofende
pidiéndola por mujer.
  Yo, agradecido de vos,

os descubro la verdad.

Carlos
Es prueba de su amistad
y concierto entre los dos
   para saber si es constante
Julia.

Marín
   ¿A fe?

Carlos
        Verdad te digo.

Marín
Nadie fíe del amigo
negocio tan importante.
   Jamás en mujer ni espada
hagáis pruebas vos; vivid
con cuidado, y recibid
esta pretina extremada
   que os da Federico.

Carlos
           Di,
¿que era tan rico en su tierra?

Marín
Cuando se partió a la guerra
estas grandezas no vi.

Carlos
   ¿Quién se lo envió?

Marín
              No sé.
Sé decir que loco estoy
de verlo. Ni sé quién soy.

Carlos
¡Caso notable es a fe!
   ¿Quién es este caballero?

Marín	Menos lo sabré decir. Con Dios os podéis partir; que volver a verle quiero. ¡Qué mal los descuidos sufre!
Carlos	Ve con Dios.
Marín	Lo que he sabido es que es famoso, o lo ha sido.
Carlos	¿Por qué?
Marín	Porque huele a azufre.

(Vanse.)

Fin de la segunda jornada

Jornada tercera

(Salen Carlos y Federico.)

Carlos

Más conmigo os declarad.
Basta ya la confusión.

Federico

Ya, Carlos, será razón
que os declare la verdad;
que ver vuestra calidad
de la pobreza ofendida,
que no hay gusto que no impida
hacer que pierda el temor;
que entre pobreza y amor
no es posible que haya vida.
     ¿Qué noble ha sido estimado
como la hacienda le falte?
Que es el más perfecto esmalte,
pues solo el oro es honrado.
¿qué rico no es celebrado
aunque tenga sangre oscura?
¿Quién servirle no procura?
Que es el logro la ocasión
y en cualquiera pretensión
la posesión asegura.
     Ya de Julia os enseñé
los favores que he tenido
porque el interés ha sido
solo el blanco de su fe.
Yo, que estas cosas noté,
y que en el mundo no había
más noble del que tenía,
quise tener satisfecho
de que el oro en cualquier pecho

otra alma de nuevo cría.
   No penséis que me envió
hermano, sobrino o primo
la hacienda con que me animo,
porque aquélla se perdió.
Un amigo tengo yo
de linaje y ser eterno
por quien me rijo y gobierno,
porque yo soy de opinión
que fieles amigos son
buenos aun en el infierno.
   Éste me dio la riqueza
que tengo.

Carlos   La amistad es
notable, que el interés
es prueba de su firmeza.
Mas si la naturaleza
os ha dado esa ventura
y mis desdichas procura,
no aliviará mi cuidado;
que en el hombre desdichado
no ha habido amistad segura.

Federico   ¡Oh, Carlos, no conocéis
el amigo que he hallado!
No es banco que está cerrado,
para que de él no cobréis.
Sin que libranza llevéis
a letra vista, os promete
la riqueza que compete
a vuestro honor y opinión,
que es padre de la Ocasión,
y está seguro el copete.

Carlos	¿Es posible, Federico,
	que tanta riqueza tiene,
	que enriquecerme previene,
	habiéndote hecho rico?
	A tu amigo significo
	un César. No igualó.
	Ser Alejandro mostró.
Federico	No hay que igualarme con ellos;
	que a sus haciendas y a ellos
	éste, mi amigo, llevó.
	Esos Césares romanos
	eran guiados por él.
Carlos	Milagros me cuentas de él,
	que no tesoros humanos.
Federico	Tu vida pon en sus manos
	que él mirará por tus cosas.
Carlos	En las tuyas poderosas
	toda mi esperanza fundo
	porque me libre en el mundo
	de ocasiones afrentosas.
	Mas, dime, ¿en qué le he servido
	para que mercedes pida?
	Pues hasta agora en mi vida
	noticia de él no he tenido.
	¿Cómo llegaré atrevido
	a presencia tan honrada
	con el alma confiada?
	Esta vergüenza me impide,
	que es necio quien premio pide
	sin haber servido en nada.

Federico	Su extraordinario valor
	hace esas dudas ligeras;
	que si servido le hubieras
	ya era debido el favor.
	Ésa es grandeza mayor
	poner en altivo estado
	a quien menos le ha buscado
	y sin servicios honrosos;
	que es prueba de generosos
	el pagar adelantado.
	Demás que puede haber sido
	por lo soberbio e hidalgo
	haberle servido en algo
	sin haberlo tú sabido.
Carlos	Di, ¿cómo no es conocido
	si es tan rico y si procura
	mostrar riqueza y blandura?
	Y, ¿por qué no se descubre?
	Que persona que se encubre
	no le tengo por segura.
Federico	No hay por qué tengáis temor,
	que, aunque vive en parte oscura,
	bien claramente procura
	daros ayuda y favor.
	No conoce superior,
	aunque un enemigo tiene
	de quien huir le conviene.
	Por eso se encubre de él.
Carlos	Vamos a vernos con él
	pues a mi vida conviene.
	¿Dónde le podré yo hallar?

Federico (Aparte.)	Conmigo llevaros quiero. (Con esta industria espero de su devoción triunfar; que no le puede olvidar la ingrata que me desprecia, ya por constante o por necia; que a darle el necio grosero por la deshonra dinero, no se matara Lucrecia.)
Carlos	¿Vive acaso en la ciudad?
Federico	En cualquiera parte vive, y voluntades recibe.
Carlos	Pues a su casa guiad, que yo acepto su amistad si a mi bien le persuades, contándole las verdades de mi pobreza y desdén, que ése es buen amigo quien remedia necesidades.
Federico	Aunque en mi casa pudiera hablaros y hablarle vos, pienso que es mejor, por Dios, que vamos a hablarle fuera; que quien tanto bien espera es bien que vaya a buscallo.
Carlos	Seré su esclavo y vasallo.
Federico	En el campo lo hablaremos,

y juntos los dos iremos.
Venid, y os daré un caballo.

Carlos   ¿Pues tan lejos ha de citar?

Federico   Será una legua de aquí.

Carlos   ¿Habéis de ir sin pajes?

Federico   Sí,
que esto secreto ha de estar,
y pocos saben guardar
secreto.

Carlos   Tenéis razón;
pero, por cierta ocasión,
quisiera presto volver.

Federico   Pues, ¿tenéis algo que hacer?

Carlos   Cumplir con mi devoción.
   Tal noche como ésta suelo,
por ser de la Candelaria
víspera, la luminaria
que alumbra la tierra y cielo
visitar, por mi consuelo
en cierto cerro una ermita
de la Virgen. Solicita
que presto la vuelta demos,
y los dos juntos haremos
tan saludable visita.

Federico (Aparte.)   (Antes del anochecer
podrás, si vuelves con vida;

que entre tantos vicios pida
ayuda para vencer.)
Para que puedas volver,
partamos luego.

Carlos

                        Eso es justo
para que vuelva con gusto.

Federico   Que vendrás con él espero.

Carlos   Ya de Julia considero
vencido el término injusto.
 ¡Qué tales han de quedar
mis émulos envidiosos,
mis amigos engañosos,
viéndome rico triunfar!

Federico   De ellos os podréis vengar,
viéndoos con oro y diamantes.
¿No los honréis como antes?

Carlos   No, a fe, ni por pensamiento,
porque hace el escarmiento
sabios a los ignorantes.

(Vanse y salen Garavís y Marín.)

Marín

                        Digo que la moza es mía
aunque pese al bachiller.

Garavís   ¿Suya? ¿Cómo puede ser
si en darme gusto porfía?

Marín   A mí me tiene afición

por el talle y por la edad,
porque la desigualdad
le niega la posesión.

(Sale Laura.)

Laura
No me desagrada, a fe,
la contienda y pretensión.

Garavís
Es prueba de mi afición.

Marín
Aquí mi intento se ve,
    y que servirte deseo
con la vida y con dinero.

Laura
No es mal invite el postrero.

Garavís
Con más llaneza te quiero;
    que te pienso el alma dar.

Marín
Yo, gusto.

Garavís
            Y galas después.

Marín
Yo, contento.

Garavís
                Yo, interés.

Marín
Yo, sortijas.

Garavís
            Yo, lugar.

Laura
Esto de lugar me agrada;
que es pesado y enfadoso

                        un marido melindroso
                        que de mujer hace espada.

Marín   No me debes excluir
                        por eso de tu favor;
                        que yo pienso que es mejor
                        hacerlo y no lo decir.

Laura   No me determino en nada.
                        Si se casa mi señora
                        con quien la sirve y adora,
                        pues ya de Carlos se enfada,
                            a su gusto admitiré
                        el marido o el galán.

Marín   De espacio las bodas van;
                        yo espero.

Garavís   Yo esperaré.

Marín   Mas dime, ¿ya Julia olvida
                        a Carlos?

Laura   Tiénele amor,
                        pero del padre el rigor
                        la tiene ya convencida.
                            La causa de su tristeza
                        es pensar que ha de casarse.

Marín   No es bien que tanta belleza
                        pueda cautiva quejarse
                        del don de naturaleza.
                            Laura, yo la quiero hablar,
                        y desengañarla quiero.

(Sale Julia.)

Julia
¡Qué siempre tengo de hallar
del enemigo que quiero
ministros por quien callar!
    Mi desventura lo ordena,
que el amor pierde el respeto,
y así la lengua me enfrena;
porque quejarse, en efeto,
ya es alivio de la pena.
     ¿Qué buscas, Marín?

Marín
          Hablarte
a solas, que no es razón
que puedas de mí quejarte.

Julia
Quejas ordinarias son.

Marín
Yo quiero desengañarte.
    Carlos ha dado lugar
a mi señor Federico
para servir y rondar,
por ver si un hombre tan rico
puede tu afición mudar.
    Ver tu constancia desea
tu amante. Pierde el temor;
que no hayas miedo que sea
tu marido mi señor.

Julia
¡En tales pruebas se emplea!
    Aunque tal aviso precio
pues alivia mi cuidado,
su mal intento desprecio,

y digo que me ha pesado
de tener amante necio.
   Para culparle quisiera
hablarle.

Marín   ¿Cómo podrás?
Tu peligro considera,
aunque a la mujer jamás
le faltó trama y quimera.

Julia   Hoy, [sí] que la devoción
de Carlos me da lugar
a que logre mi intención;
que a una ermita va a rezar.

Marín   Mira si tengo razón.

Julia   Muchas damas suelen ir,
y así a mi padre también
licencia quiero pedir,
que allá estará.

Marín   Dices bien.
Ser devota has de fingir.
   Muchas de aquesa manera
hacen varias estaciones.

Julia   Mi padre es aquéste. Espera.

Garavís   A quererme te dispones;
que querré cuanto te quiera.

(Salen Horacio, Jorge, Octavio y Fabricio.)

Horacio	Determinado estoy a que se case, pues merece más honra Federico.
Fabricio	No hay quien más lo merezca en toda Génova.
Octavio	Las fiestas ordenad, para que os sirvan vuestros amigos.
Jorge	Señalad el día. Ya admite los criados, ya se alegra.
Fabricio	¡Cómo discreto y cuerdo habrá él sentido que ha de ser de estas partes el marido!

(Hablan aparte Julia y Marín.)

Julia	¡Qué ciego que le tiene la codicia!
Marín	Da principio a tu intento, y no des muestras de disgusto ninguno.
Horacio	Julia mía, ya parece que veo en tu semblante que obedeces contenta mis preceptos.
Julia	Eres padre, en efecto, y reconozco que tengo en tu elección mejor ventura que esperaba mi amor o mi locura.
Horacio	Dame los brazos.

(Hablan aparte Octavio y Jorge.)

Octavio	Carlos, me parece

	que pierde el juicio.
Jorge	Ya perdió el dinero, que es lo mismo que el juicio.
Horacio	¿Qué me pides?
Julia	Quisiera ir a la ermita en que celebran la Candelaria.
Horacio	Pongan luego el coche; que quiero acompañarte.
Julia	No te canses; que sola iré.
Marín (Aparte.)	(¡Pegóse por un lado!)
Horacio	Tu escudero he de ser.
Julia	Pierde el cuidado.
Fabricio	Todos queremos ir a acompañarte.
Horacio	Pues prevengan la cena; y esta noche nos quedaremos en mi casería pues está cerca de la ermita.
Jorge	Vamos, y empiece a celebrarse el casamiento con músicas y bailes esta noche.
Julia (Aparte.)	(Por cualquier parte impiden mi deseo.)
Marín	Ya es forzoso que vayas.

Julia   Ya lo veo.

(Vanse y salen Carlos y Federico con espuelas y botas como que dejan los caballos.)

Federico   Tenle.

Carlos   La crin erizada
vuelve atrás, se altera y bufa.

Federico   Átale a ese tronco seco
falto de hojas y fruta.

Carlos   Ese animal español,
criado en la grama y juncia
del Betis, atado queda;
y mi corazón se turba.
¿Dónde me traes, Federico?
¿Qué selva es aquésta oscura
donde pájaros no cantan
ni las tórtolas arrullan?
No han entrado aquí jamás
rayos del Sol ni la Luna;
que las copas tan estrechas
el suelo guardan y enlutan.
¡Vive el cielo, que el cabello
levanta en delgadas puntas
el sombrero, Federico!
¡Qué aquí tu amigo se encubra!
Di quién es; que estoy helado.

Federico   Detente, Carlos, y escucha.
A ver al demonio vienes.

¿Qué temes? ¿Qué dificultas?
Éste es el amigo, Carlos,
cuya hacienda sin suma
me da honor y me enriquece,
me favorece e ilustra.
Éste saca de los montes
y sus minas más ocultas
la plata, y con varias armas
fácilmente las acuña.
Las perlas, que en blancas hostias
el airado mar sepulta,
de alcobas de nácar coge
dejando las aguas turbias.
Ése es, Carlos, el que quiere
acabar tu desventura.
No temes.

Carlos
    ¡Oh, Federico,
mal animarme procuras!

Federico
¿Es mejor que vivas pobre?

Carlos
Ya estoy entre varias dudas:
ver que todos me desprecian
y que por loco me juzgan,
me anima para esta empresa;
que no hay ánimo que sufra
ver que los que yo di honra
de hablarme y de verme huyan;
por otra parte me alteran
los disfavores de Julia;
que los causa mi pobreza,
pues solo el interés busca.
¡Venganza de mis enemigos

de mi pasada locura!
¡Celos y ambición! ¿Qué es esto?
Ved que hay Dios.

Federico   ¿La paz rehúsas?

Carlos   Temo esa paz, Federico,
                         porque sé que es la de Judas.

Federico   Pues, ¡vuélvete y vive pobre!

Carlos   ¿La riqueza me aseguras?
                         ¡Ea, que Dios es piadoso
                         y perdona inmensas culpas!
                         ¡Venga el demonio!

Federico   Ya viene.
                         ¿Por qué la daga desnudas?

Carlos   Debe alterar a un cristiano
                         el nombre.

Federico   Bien es que cubras
                         la cruz.

Carlos   Ya la cubro y guardo,
                         aunque es el norte que alumbra.

(Sale el Demonio.)

Federico   Tus pies mil veces pido.

Demonio   Amigo, Federico, no he de darlos.
                         Tú seas bienvenido.

Federico	No temas; llega. No te turbes, Carlos.
Carlos	Pesar del miedo infame he de aguardar por fuerza a que me llame.
Federico	Recibe, caro amigo, a Carlos, que la vida y alma ofrece.
Carlos	A servirte me obligo.
Demonio	Noticia tengo de él. Mucho merece su intento y su buen celo, pues por el interés olvida el cielo. Ya mis brazos te esperan.
Carlos	De ellos aguardo nuevo ser y vida. ¿Qué príncipes me dieran, tras la esperanza larga y consumida, el oro que apetezco con este nuevo dueño que obedezco?
Federico	Bien sabes su pobreza; que estuvo rico, y vive enamorado, que es la mayor tristeza. Sus amigos y deudos le han negado. Verse rico desea.
Demonio	Haré que nuevos títulos posea. Ves cuánto el padre cría con rayos de oro, y con su llanto riega la blanca aurora fría; y el mercader solícito navega, en casas sin cimiento,

de los indios tesoros avariento;
  cuánto la Luna blanca
llega a ver con su vuelta presurosa,
a los mortales franca;
cuánto besa la margen bulliciosa
de los cansados ríos
que ya corren furiosos, y tardíos.
  De todo soy el dueño.
Yo atajo el curso y vuelo de las aves.
Mi grandeza te enseño
si darme gusto y agradarme sabes.
Que eres dueño imagina
del promontorio austral hasta la China.
  Llenas verás las salas
de tapices de seda y pedrería,
tus criados de galas;
y al romperse los párpados del día
chapiteles de plata
retratarán las nubes de escarlata.
  Contra el ligero curso
de los tiempos tu vida será larga
con prolijo discurso;
contra la muerte, que la edad embarga,
sin que te corte Atropos
tu blanca hebra de sus negros copos.

Carlos   ¡Oh, mil veces felice
quien tiene tu amistad, raro monarca,
que hace cuánto dice,
y todo el mundo en su poder abarca!
Desde luego soy tuyo.
Por tu siervo menor me constituyo.
  Haz que mi Julia bella
vuelva a ver cómo rondo sus umbrales,

que el temor de perdella
ha sido causa de mis nuevos males,
porque mi bien espere;
que no puede olvidar el que bien quiere.

Federico

Cumplióse mi deseo.

Demonio (Aparte.)

(Aquí, doncella, perderás los bríos.)

Carlos

Cuanto me dices creo.

Demonio

Hoy triunfarás de necios desvaríos.

Federico

Hoy sin estorbo quedo.

Demonio

Más tendrás que perdiste. Pierde el miedo.

Carlos

¿Qué me mandas que haga?

Demonio

Cosas leves y fáciles te pido.
Porque me satisfaga,
niega la crisma y fe que has recibido;
que el que a mí se encomienda
no ha de buscar a Dios que le defienda.

Carlos

¿Que niegue a Dios me pides?

Federico

Ya están en la ocasión, ¿de qué te alteras,
si con el oro mides
esa fe conservada tan de veras?

Carlos

Negar a Dios es poco.
Con amor y codicia me provoco.
Obedecerte quiero;

Demonio	haré lo que me pides. ¿Qué más quieres?
	¡Oh, noble caballero,
	corona y cetro con negarlo adquieres!
	Ya que lo más has hecho,
	de lo que es menos quede satisfecho.
	Ya que a Dios has negado,
	niega a su madre que es el enemigo
	de mí menos tentado.
	Su Hijo puede ser cierto testigo,
	pues le tenté tres veces.
Federico	Carlos, ¿de qué te turbas y enmudeces?
Carlos	¡Oh, sagrada María!
	¿Yo negaros a vos por la riqueza?
	¡Alba clara del día,
	incorruptible palma cuya alteza
	al trono de Dios toca,
	antes el alma salga por la boca!
	Si pensara salvarme
	por negar a María, antes quisiera
	mil veces condenarme.
	¿Yo negar a la casta vidriera
	adonde sin quebrarse
	pudo Dios nueve meses retratarse?
	Ni tu riqueza estimo,
	por no jugar la vid de donde pende
	el intacto racimo,
	ni la pobreza ni el amor me ofende.
Demonio	¡Oh, necio, que a Dios niegas,
	y de esa vana devoción te ciegas!
	¿No es Dios el que ha de darte
	la gloria eterna? ¿Puede esa María

	solamente salvarte?
Carlos	Tan buena madre, di, ¿qué pediría
	que el Hijo no la diese?
	¡Déjame que la adore y la confiese!

Demonio	Volverás necio y pobre,
	perdida el alma y sin ganar la hacienda.
	Porque la deuda cobre,
	tu alma es mía. Déjame esa prenda.

Federico	Carlos, ¿en qué reparas?
	Desde hoy por mi enemigo te declaras.

(Descúbrese en el tronco de un árbol Julia y una mesa con las muestras de grande riqueza, y dice el Demonio.)

Demonio	Mira, Carlos, tu dama
	que, viéndote tan próspero, te espera
	en el tálamo y cama,
	de quien tendrás en la ocasión primera
	los hijos regalados,
	dulce alivio y descanso de casados.
	Cuanto tu casa adornes
	del oro que en mi vaso te apercibo,
	cuando a tus vicios tornes
	y apenas pongas al dorado estribo
	el pie, cuando entre pajes
	la silla ocupes y en sus hombros bajes,
	y cuanto te reciba
	tu hermosa Julia, entonces verás cierto
	que aquí la gloria estriba.

Federico	Di, pues, ¿qué haces? De tu bien te advierto.

Carlos	Riqueza y hermosura María por su medio me asegura.
Demonio	A pesar de los cielos tu alma es justo que en mi reino guarde en tantos desconsuelos. ¿Perdonaráte Dios, necio cobarde?
Carlos	¿Quién como Dios?
Demonio	Venciste, nuevo Miguel, y vuelvo al reino triste.

(Ábrese el tablado y húndese el Demonio echando mucho fuego y desaparece lo demás.)

Carlos	¡Jesús!
Federico	¡Jesús, Dios mío! ¡Qué me abraso y enciendo en vivas llamas!
Carlos	Yo quedo helado y frío. Los troncos arden y las secas ramas, vueltas en brasas rojas del negro ardor, las verdinegras hojas... Federico, ¿qué has hecho? Quisísteme perder, y estás perdido.
Federico	Quéjaste sin provecho. Deja que vuelva, del temor vencido, a Génova.
Carlos	Detente.

Federico   Deja que acuda a la piadosa fuente.

(Vase Federico.)

Carlos   Huyendo el aire mide,
                  y yo de miedo entre mi llanto muero.
                  ¿Quién el paso me impide?
                  No me atrevo a llegar por el sombrero.
                  Vestiglos son los troncos,
                  voces me dan en los peñascos broncos.
                     Desatar puedo apenas
                  de aquestas riendas los confusos nudos,
                  que ya heladas las venas,
                  parece que los ramos, aunque mudos,
                  me culpan y amenazan.
                  Las manos tiemblan y los pies se enlazan.
                     ¡Ay, Virgen! ¿Quién me sigue?
                  ¿Quién me tira del brazo? ¿Quién me asombra
                  porque a morir me obligue?

(Desde dentro.)

Demonio   En vano huyes, Carlos.

Carlos   ¿Quién me nombra?
                  ¡Favor, madre piadosa,
                  amparo de los hombres, alba hermosa!

(Vase Carlos y salen Horacio, Jorge, Octavio, Fabricio, Marín, Laura y Julia, bailando. Cantan.)

Música   «Señora mía de la Candelaria,
                  que yo no os pido la vida larga,
                  sino remedio para mi alma.»

Horacio	Ya es tarde. No cantéis más, que es hora que descanséis.
Marín	Mejor es que nos dejéis.
Laura	Grande bailarín estás.
Marín	Hasta que amanezca el día he de bailar.
Fabricio	No hay lugar. Volvamos a descansar, Horacio, a la casería, para que al amanecer a la ermita nos volvamos.

(Aparte Marín y Julia.)

Marín	En vano este lance echamos.
Julia	No sé qué tengo que hacer. Cerca de las doce son, y mi amante no ha venido. Por mí habrá puesto en olvido tan antigua devoción.
Marín	No dejará de venir, señora, aunque al alba sea.
Julia	Pues quien hablarle desea más trazas ha de fingir.
Horacio	¿No vienes?

116

Laura	No hay que aguardar.
Julia	Hasta que amanezca el día, con tu licencia querría quedarme junto al altar, porque con esa intención vine a la ermita.
Marín	Así fue.
Horacio	Pues contigo quedaré.
Marín (Aparte.)	(¡Vive Dios, que es socarrón!)
Julia	¿Para qué quieres tener mala noche?
Horacio	¿Aqueso lloras? No hay hasta el día cuatro horas.
Jorge	Nosotros, ¿qué hemos de hacer?
Horacio	Solos aquí nos dejad.
Octavio	¿Solos quedaros queréis?
Horacio	Por nosotros volveréis, y el almuerzo aparejad.
Julia (Aparte.)	(Por guarda de vista queda mi padre en esta ocasión.)
Fabricio	Si así los viejos son,

miedo tendréis.

Julia (Aparte.) (¡Qué no pueda
apartarle de mi lado!)

Horacio No hay que temer junto a Dios.
Id con Él.

Jorge Quede con vos.

Marín Id cantando por el prado.

(Cantan.)

Música «A la vela va la niña
y arde de amor.
Ruego a Dios que no se le apague
la llama del corazón.»

(Vanse.)

Horacio Por gusto tuyo me quedo
no con falta de cuidado,
porque a aquel amor pasado
que tuviste tengo miedo.
Jamás tan devota fuiste,
aunque discreta y honesta.

Julia (Aparte.) (Ninguna justa respuesta
a su malicia resiste.)
¿Malo es quedarme a rezar?

Horacio ¿Cuánto va que te ha pesado
de que yo quede a tu lado?

Que a fe que te he de engañar.

Julia
Que reces será mejor.
Cierra la puerta.

Horacio
Ya queda
junta no más, porque pueda
hallar lugar tu temor.
Dime, Julia, una verdad.
Como amigo lo suplico.
¿Estimas de Federico
el deseo y voluntad?
¿Cásaste de buena gana
con él?

Julia
Responder quisiera,
pero temo.

Horacio
¿Qué te altera?
Nadie escucha, es cosa llana,
sino la imagen que está
en el altar, y en cualquiera
parte la imagen te oyera.
Nadie por mí lo sabrá.

Julia
Pues, señor, la verdad es
que Carlos... mas ¿qué ruido
es éste?

Horacio
Puede haber sido
ilusión tuya después.

Julia
Pasos de caballo son.
Corriendo viene.

Horacio   Es así.
Escondámonos aquí
hasta saber la ocasión.

(Escóndense detrás de una cortina.)

Julia   A la puerta se ha parado.

Horacio   Ruego a Dios que algo no cueste
tu oración.

Julia (Aparte.)   (Carlos es éste.
Corriendo viene y turbado.)

(Sale Carlos turbado, sin sombrero y capa, mirando atrás.)

Carlos   Si puede valer la iglesia
a delincuente tan torpe
vuestro amparo, Virgen santa;
sea quien mi daño estorbe
que la divina justicia
tras de mí furiosa corre,
dejando el ramo de oliva
y empuñando el limpio estoque.
Un ministro suyo viene
para ejecutar el golpe
en mi alma, en quien se venga
con engaños y traiciones.
Permitid, piadosa madre,
que el sagrado manto toque,
corriendo el velo que cubre
tan claro y seguro norte.

(Corre Carlos la cortina, y aparécese una Imagen de Nuestra Señora en pie y con el Niño en los brazos.)

> ¡Oh, sagrado y limpio templo,
> espejo que no se rompe
> entrando Dios, que no cabe
> en tantos celestes orbes!

(Échese Carlos al pie del altar.)

> Humillado a vuestros pies,
> a quien la Luna se postre,
> pues el claro Sol os ciñe,
> porque estrellas os coronen,
> sin osar mirar al Hijo
> que mis culpas reconoce,
> y en vuestros piadosos brazos
> parece que el rostro esconde,
> os suplico que seáis
> el procurador que abogue
> en un pleito en que no pido
> justicia, aunque tanto importe.
> Negué a Dios, negué la fe,
> y delitos tan atroces
> causaron codicia y celos,
> muchas veces vencedores.
> No me oso volver al Niño,
> aunque, de pecho tan noble,
> pudiera esperar mi pecho
> obras que fueran mayores.
> A vos vuelvo sin dejaros.
> Pedidle que me perdone;
> que los tesoros de Dios
> no es posible que se agoten.

Oliva soy; poned paz
de David, altiva torre,
donde pienso hacerme fuerte
contra infernales legiones.

(Suena música dentro, y vuelve la Imagen el rostro al Niño.)

Imagen   ¡Hijo mío!

Jesús   ¿Madre amada?

Imagen   Mirad qué amorosos nombres,
para que no me neguéis
piedad para pecadores.
Escuchad de este culpado
estas dolorosas voces,
pues sois pontífice sumo
para conceder perdones.
Mirad que es devoto mío,
y el que de mí se socorre,
por ser vuestra madre, es justo
que nuevas mercedes goce.

Jesús   ¡Oh, madre! ¿Cómo es posible
que me pidáis que perdone
al que por vanos deleites
blasfemó mi santo nombre?

Imagen   ¡Perdonad y dad lugar
que con su vida se acorte
su esperanza, y que padezca
de edades tantos millones!

Carlos   ¡Ay de mí! ¡Misericordia!

(Híncase de rodillas Nuestra Señora delante de su Hijo.)

Imagen   Rey mío, por los temores
                     que tuve cuando os llevaba
                     a Egipto huyendo de Herodes,
                     por las entrañas que fueron
                     morada, aunque limpia, pobre,
                     que no se condene quien
                     a vuestra esclava se acoge.

(Levántala el Niño.)

Jesús   ¿Qué pediréis, madre mía,
                     de esa suerte que no otorgue?
                     Levantad, querida madre.
                     No aguardéis a que me postre.
                     Yo le perdono por vos.
                     No oscurezcáis vuestros soles
                     divinos, que donde están
                     no es posible que haya noche.
                     Volvedme, madre, a los brazos;
                     que no hay trono más conforme,
                     y no me hallo sin ellos,
                     porque esas manos me toquen.

(Vuélvele a tomar en los brazos como antes, con mucha música, y cúbrese la
cortina.)

Imagen   Volved, mi Jesús querido,
                     al humilde pecho donde
                     os guardo.

Jesús   Sois, madre mía,

el amparo de los hombres.

Horacio   Indignos ojos, ¿qué veis?

Julia   Muda de piedad y miedo,
mover los pasos no puedo.

Carlos   Ya, amor, no me venceréis,
pues tengo tan buen amparo.

Julia   Déjame llegar, señor.

Horacio   Digo que alabo tu amor.
Por vencido me declaro.
Salgamos.

Carlos   No sé si estoy,
con esto que he visto, en mí.
¡Ay, cielos! ¿Quién está aquí?

Horacio   Vuestro amigo humilde soy.

Julia   Sosegaos; no os alteréis.

Carlos   Señor Horacio, señora,
¿en esta ermita a tal hora?

Horacio   Por estar adonde estéis
no es menester dilatar
el bien con largas razones,
pues en tales ocasiones
el silencio suele hablar.
El dulce coloquio he oído
aquí, escondidos los dos;

y pues os perdona Dios,
que me perdonéis os pido.
 Rencor os tuve mortal,
pero reducirme es bien;
que si Dios os quiere bien,
¿quién os ha de querer mal?
 Y si la pobreza ha sido
causa del grave pecado
que Dios os ha perdonado,
que mandéis mi hacienda os pido.
 Julia es vuestra, aunque fue mía,
y vuestra esclava se nombre,
porque no se iguale a un hombre
tan querido de María.
 El estar yo aquí será
por divina permisión,
porque Dios con el perdón
hacienda y mujer os da.
 Por hijo echaros querría
la bendición, y he de ver
que no será bien caer
sobre la de Dios la mía.

Carlos   Señor, tras de tanto bien
que pudo aquéste eclipsar,
no le dejo de estimar
y vuestra oferta también.
 Si algún disgusto os he dado
con mi loca pretensión,
os pido humilde perdón.

Horacio Él todo os ha perdonado.

Carlos   ¡Qué fácil, dulce María,

	mi pobreza remediáis!
Julia	¿Dudoso, señor, estáis?
Carlos	Por ver que no os merecía.

(Tocan dentro y salen cantando los que se entraron antes. Cantan.)

Música	«Con el Sol hermoso, a ver otro Sol, se levantan las avecillas. Cantan y bullen fuentes al son.»
Horacio	Muy bien venidos seáis con la venida del día, que ya con vuestra alegría una boda celebráis.
Laura	¿Cómo?
Fabricio	¿Qué es esto?
Marín	¡Señor! ¡Casado con Julia!
Carlos	Sí.
Marín	Que lo quise decir.
Horacio	Vi que es el gusto lo mejor, y así no quise forzar el que en Julia conocéis.

126

Jorge   Largos años os gocéis.

Horacio   Todos le habéis de abrazar.

(Sale Garavís corriendo.)

Garavís   Para avisaros corriendo
               desde Génova he venido.

Jorge   ¿Qué tienes? ¿Qué ha sucedido?

Garavís   Que no me creeréis entiendo.
                 Federico, mi señor,
               entró en su casa turbado,
               y sin aguardar criado
               para apearse mejor.
                 Aun de apearse no acaba
               cuando, como el mismo viento,
               llegó corriendo al convento
               de San Francisco, y la aldaba
                 toca con tanto rumor
               que, aunque a deshora, le abrieron,
               que en la voz le conocieron.
               Pidió a voces confesor,
                 y a aquellas horas se puso
               a confesar.

Marín   ¿Eso pasa?

Garavís   Dejéle, y volvíme a casa
               donde quedé más confuso,
                 porque todas las pinturas
               que eran demonios mostraban,
               y roncos aullidos daban

127

entre las negras molduras.
   Todo se volvió en carbón,
hasta no sé qué dinero
que me dio aquel caballero
su amigo.

Horacio   Señales son
que era del demonio todo.

Carlos   Al fin Federico pide
el hábito.

Marín   Bien lo mide,
si se libra del demonio.

Carlos   ¡Qué riquezas que heredaba!

Marín   En tu servicio me quedo;
que siempre [le] tuve miedo
y mudo y confuso estaba.

Fabricio   ¡Raro suceso!

Julia   Yo quiero
darte a Laura por tu esposa.

Marín   De mano tan generosa
nuevas mercedes espero.

Garavís   Ve al lugar porque te asombres.

Horacio   Vamos.

Marín   ¡Qué confuso estaba!

Carlos   Y aquí la comedia acaba,
                no el amparo de los hombres.

                Fin de la comedia

Libros a la carta

A la carta es un servicio especializado para

empresas,

librerías,

bibliotecas,

editoriales

y centros de enseñanza;

y permite confeccionar libros que, por su formato y concepción, sirven a los propósitos más específicos de estas instituciones.

Las empresas nos encargan ediciones personalizadas para marketing editorial o para regalos institucionales. Y los interesados solicitan, a título personal, ediciones antiguas, o no disponibles en el mercado; y las acompañan con notas y comentarios críticos.

Las ediciones tienen como apoyo un libro de estilo con todo tipo de referencias sobre los criterios de tratamiento tipográfico aplicados a nuestros libros que puede ser consultado en Linkgua-ediciones.com.

Linkgua edita por encargo diferentes versiones de una misma obra con distintos tratamientos ortotipográficos (actualizaciones de carácter divulgativo de un clásico, o versiones estrictamente fieles a la edición original de referencia). Este servicio de ediciones a la carta le permitirá, si usted se dedica a la enseñanza, tener una forma de hacer pública su interpretación de un texto y, sobre una versión digitalizada «base», usted podrá introducir interpretaciones del texto fuente. Es un tópico que los profesores denuncien en clase los desmanes de una edición, o vayan comentando errores de interpretación de un texto y esta es una solución útil a esa necesidad del mundo académico.

Asimismo publicamos de manera sistemática, en un mismo catálogo, tesis doctorales y actas de congresos académicos, que son distribuidas a través de nuestra Web.

El servicio de «libros a la carta» funciona de dos formas.

1. Tenemos un fondo de libros digitalizados que usted puede personalizar en tiradas de al menos cinco ejemplares. Estas personalizaciones pueden ser de todo tipo: añadir notas de clase para uso de un grupo de estudiantes, introducir logos corporativos para uso con fines de marketing empresarial, etc. etc.

2. Buscamos libros descatalogados de otras editoriales y los reeditamos en tiradas cortas a petición de un cliente.